Die kleine Weihnachtsküche

Kreativer Genuss in der Weihnachtszeit

KATHRIN
RUNGE

blv

MERRY

Merry Christmas

Inhalt

Vorwort

Spätestens wenn die Tage wieder kürzer werden und die Sommerkleider im Keller verstaut sind, beginne ich mit meinen kulinarischen Vorbereitungen für die Weihnachtszeit. Ich durchforste Rezeptsammlungen, um eine erste Plätzchenliste zu erstellen, und überlege mir, welche Geschenke aus der Küche mich diesmal besonders ansprechen. Viele Wochenenden im November und Dezember sind dann für gemütliches Backen, Kochen, Basteln und Dekorieren reserviert, oft gemeinsam mit meinem Mann und guten Freunden. Für mich gibt es keine schönere Einstimmung auf Feste wie Weihnachten als die über den Genuss. Auch, weil kreatives Arbeiten mit den Händen ein perfekter Ausgleich zu meinem eher kopflastigen Beruf als Journalistin ist.

Gerade das Backen ist seit vielen Jahren meine große Leidenschaft. Zu verdanken habe ich das vor allem meiner Oma, die mir bereits als kleines Mädchen zeigte, wie Hefeteig richtig aufgeht, was gute Streusel ausmacht und warum es für leckeres Gebäck keinerlei Fertigprodukte braucht. Backen macht (mich) glücklich. So lautet auch der Name meines Food-Blogs www.backenmachtgluecklich.de, in dem sich alles um Rezepte und Geschichten aus der Welt des Backens dreht.

Ich liebe es, meine Leidenschaft für gutes Essen mit anderen zu teilen. Und ich liebe es, anderen Menschen eine Freude zu machen. Schenken macht nämlich ebenfalls glücklich. Genau diese Tatsache hat auch

zur Idee für dieses Buch geführt: Ein Koch- und Backbuch mit weihnachtlichen süßen und pikanten Kleinigkeiten, die man allesamt nicht nur selbst genießen, sondern auch verschenken kann. Denn wie heißt es doch so schön – Liebe geht durch den Magen!

Alle Rezepte in diesem Buch kommen ohne Fleisch und Fisch aus, sodass auch Vegetarier voll auf ihre Kosten kommen. Sie lassen sich gut vorbereiten und aufbewahren. Und das Beste: Sie eignen sich für den Alltag in der Weihnachtszeit genauso wie für die Feiertage, für besondere und festliche Anlässe wie für ein entspanntes Kaffeetrinken mit Freunden.

Ich freue mich immer, wenn ich beim Essen eine große Auswahl habe und verschiedene Geschmacksrichtungen testen kann. Schwere Menüs hingehen sind nicht mein Fall. Wenn es Ihnen ähnlich geht, ist dieses Buch wie gemacht für Sie. Alle Gerichte sind »mini«, was nichts anderes heißt als: Genuss mit größerer Vielfalt! Als Ausgleich und Ergänzung zu den für die Winterzeit typischen großen Braten und üppigen Torten kommen kleine Kuchen, Gerichte im XS-Format oder Naschereien doch gerade recht, oder?

Ich wünsche Ihnen viel Spaß beim Schmökern in diesem Buch – und natürlich beim Backen und Kochen, Basteln und Dekorieren. Genießen Sie die Weihnachtszeit mit allen Sinnen!

Herzliche Grüße

Kathrin Runge

Kleine Einführung in die Weihnachtsküche

Wenn es eine Zeit gibt, in der ich mich besonders gerne in Küche und Backstube aufhalte, dann sind es Herbst und Winter. Durch die letzten Monate des Jahres wird Sie auch dieses Buch begleiten – ein (vor)weihnachtliches Koch- und Backbuch, Inspirationsquelle und Bastelanleitung in einem. Mein Ziel war eine vielfältige Sammlung aus Mini-Gebäck, kleinen Gerichten und kulinarischen Präsenten, die geschmacklich und optisch begeistern, für die man aber keine Ewigkeit braucht. Der Genuss und die Freude an der Zubereitung sollen an erster Stelle stehen. Unter den insgesamt 50 ausschließlich vegetarischen Rezepten finden Sie süße genauso wie pikante, einfache wie raffinierte, bodenständige wie exotische, moderne wie eher klassische. Im Folgenden möchte ich Ihnen einige allgemeine Tipps und Kniffe geben, damit die Rezepte auch sicher gelingen.

Gute Vorbereitung und hochwertige Zutaten

Egal, ob Sie die Leckereien aus diesem Buch zum Selbergenießen oder Verschenken zubereiten:

Eine gute Vorbereitung, hochwertige Ausgangsprodukte und eine sorgfältige Vorgehensweise sind die besten Zutaten für ein gelungenes Ergebnis. Wer mit billiger oder alter Schokolade arbeitet, darf sich nicht wundern, wenn seine Pralinen später vielleicht etwas fad werden. An guten Lebensmitteln sollte man nicht sparen. Wenn möglich, kaufe ich saisonal, regional und in Bio-Qualität ein – einfach, weil es mir und meinem Mann besser schmeckt. Allerdings sehe ich das Ganze nicht dogmatisch und natürlich ist es oft eine Frage der Zeit und des Geldes.

Gerade in der Vorweihnachtszeit lohnt es sich, einen Vorrat an klassischen Backzutaten Zu Hause zu haben, die in vielen Rezepten vorkommen – angefangen von Mehl und Mandeln über Orangeat und Zitronat, Butter und Eier bis hin zu Kuvertüre, Marzipan und Zuckerdekor. Für die Rezepte in diesem Buch benötigen Sie keine speziellen Geräte, die über die Grundausstattung in der Küche hinausgehen. Allerdings erleichtert es natürlich durchaus die Arbeit, wenn Sie etwa eine Pralinengabel besitzen oder eine gute Backunterlage zum Ausrollen und Ausstechen von Mürbteig.

Bevor Sie mit dem Backen und Kochen beginnen, lesen Sie sich das Rezept und die nötigen Schritte bitte einmal komplett durch. Das klingt einleuchtend und selbstverständlich, kommt meiner Erfahrung nach aber oft zu kurz. Kreativität in der Küche ist mir wichtig – es gibt nur sehr wenige Rezepte, die ich wirklich 1 zu 1 nachmache. Insofern bin ich immer fürs Experimentieren zu haben. Allerdings hat es sich insbesondere beim Backen bewährt, zumindest die Grundmengen und -schritte einzuhalten. Schließlich hat niemand etwas davon, wenn Sie zwar Spaß am kreativen Zubereiten hatten, der Kuchen im Ofen dann aber nicht richtig aufgeht.

Oben *An guten Zutaten sollte man beim Backen nicht sparen – Sie werden es am Ergebnis schmecken!*

So launisch kann Kuvertüre sein

Einige Arbeitsschritte werden Ihnen in der Weihnachtsküche und -bäckerei immer wieder begegnen, darunter die Vorbereitung von Kuvertüre für die weitere Verarbeitung. Die große Auswahl an schokoladigen Backzutaten im Supermarkt kann schon mal verwirren. Der Hauptunterschied zwischen Schokolade und Kuvertüre liegt im Fettgehalt. Kuvertüre, ob in Tafel-, Block- oder Dropsform, enthält deutlich mehr Fett und lässt sich dadurch besser verflüssigen und verarbeiten. Schmelzen kann man sie am besten im heißen Wasserbad oder aber – was ich bevorzuge – bei niedriger Temperatur in der Mikrowelle. Dabei darf die Kuvertüre auf keinen Fall zu heiß werden oder mit Wasser in Kontakt kommen, da sie sonst klumpt. Damit der Schokoladenüberzug nach dem Abkühlen schön glänzt und keinen grauen Schleier bekommt, muss Kuvertüre temperiert werden. Das etwas komplizierte Verfahren mit Thermometer und Erhitzen auf 32 Grad kann man umgehen, indem man kakaohaltige Fettglasur verwendet, im Handel oft unter dem Begriff »Kuchenglasur« erhältlich. Sie ist leichter zu verarbeiten als Kuvertüre, allerdings auch minderwertiger, da sie statt Kakaobutter billigere pflanzliche Fette, wie Palmfett, enthält. Generell sollten Sie sich bei der Auswahl von Schokolade und Kuvertüre nicht dogmatisch an die Rezepte halten, sondern lieber an Ihren eigenen Vorlieben orientieren. In den Rezepten dieses Buches finden Sie jeweils Empfehlungen, doch letztendlich sollten Sie sich fragen: Lieber süß oder herb?

Marmeladen, Chutneys & Co.

Damit Sie an selbst gemachten Marmeladen, Chutneys, Sirup und Aufstrichen lange Freude haben, sollten Sie Gläser und Flaschen vor dem Abfüllen sterilisieren. So werden mögliche Keime abgetötet, die mit der Zeit Schimmel hervorrufen könnten. Zum Sterilisieren die Gläser und Schraubdeckel in einen Topf mit Wasser geben, erhitzen und etwa 10 Minuten auskochen lassen. Gläser mit einem Kochlöffel aus dem Wasser holen und kopfüber zum Abtropfen auf ein Küchentuch stellen. Marmeladen und andere eingekochte Leckereien sollte man unbedingt noch ganz heiß randvoll in die vorbereiteten Gläser und Flaschen füllen. Sofort verschließen und zunächst einige Minuten mit dem Deckel nach unten abkühlen lassen. Dadurch entsteht im Inneren des Eingemachten ein Vakuum, das wiederum für eine längere Haltbarkeit sorgt.

Inspirationen für Geschenke aus der Küche

Alle süßen und herzhaften Kleinigkeiten in diesem Buch eignen sich sowohl zum Selberessen als auch zum Verschenken. Mit Selbstgemachtem aus der Weihnachtsküche haben Sie immer eine gute Antwort auf die jährlich wiederkehrende Frage, was man Verwandten und Freunden, Nachbarn und Kollegen bloß schenken könnte. Leckereien, mit Herz gemacht und verpackt, zeigen den anderen, wie wichtig sie Ihnen sind. Ein Gutschein ist schnell besorgt. Zeit und Kreativität aber kann man nicht einfach mal kaufen.

Bei der Auswahl und Planung der Geschenke sollten Sie immer im Hinterkopf haben, was wie lange und gut haltbar ist. Zum Verschicken in einem Paket eignen sich vor allem Eingemachtes wie die Bratapfel-Creme auf Seite 24 oder das Kürbischutney (Seite 105) sowie stabiles Gebäck wie die Chili-Lebkuchen (Seite 35) oder der Brezel-Kerne-Mix (Seite 93). Sämtliche Rezepte aus dem letzten Kapitel (ab Seite 111) sind für eine längere Aufbewahrung gedacht, können also gut vorbereitet werden.

LECKER
HANDMADE
Frohe Weihnachten

Sache
HANDGEMACHT

Weihnachtlicher Morgengruß

Was gibt es Schöneres als ein ausgiebiges Frühstück in der Adventszeit, das mit dem Duft von frischen Brötchen, selbst gemachten Aufstrichen, wärmendem Gewürztee und knusprigem Müsli lockt? Dazu ein paar Kerzen, schöne Musik und Sie können in aller Ruhe in den Tag starten. So hat der Weihnachtsstress von Anfang an keine Chance.

Merry Christmas
Merry Christmas
Merry Christmas
Merry Christmas
Merry Christmas

Weihnachts-Granola

Knuspermüsli mit Zimt

Gutes Knuspermüsli muss für mich aus großen Granola-Stückchen bestehen, die man auch einfach mal zwischendurch knabbern kann. Das Geheimnis dieses Rezepts: steif geschlagenes Eiweiß und etwas Weizenkleie.

Zubereitung

1 Das Eiweiß mit der Prise Salz steif schlagen. Ofen auf 150 Grad (Ober-/Unterhitze) vorheizen.

2 In einer Schüssel Haferflocken, Mandeln, Weizenkleie, Zucker und Zimt mischen. Öl, Honig und Eischnee zu den trockenen Zutaten geben und alles mit einem Kochlöffel oder Teigschaber gut vermengen.

3 Müslimasse auf ein mit Backpapier belegtes Blech verteilen und auf der mittleren Schiene etwa 35–40 Minuten backen. Abkühlen lassen und das Granola in Stückchen brechen. In einem luftdicht verschließbaren Glas oder Behälter lagern.

4 Tipp: Nach dem Backen kann man das Knuspermüsli noch mit einigen klein gehackten Trockenfrüchten verfeinern. Statt Mandeln eignen sich auch Nussstückchen.

Zum Verschenken: Weihnachts-Granola lässt sich ganz wunderbar in einem großen Glas verschenken. Einfach noch eine weihnachtliche Schleife dazu und einen goldlackierten Holzlöffel mit einbinden.

Zutaten

Für etwa 500 g Müsli

1 Eiweiß (L)
1 Prise Salz
300 g kernige Haferflocken
100 g gehackte Mandeln
20 g Weizenkleie
30 g brauner Zucker
2 TL Zimt
40 g Sonnenblumenöl
70 g Honig

Buntes Brötchen-Konfekt

Ofenfrisch genießen

Die Miniatur-Brötchen brauchen inklusive aller Gehzeiten nur 1 bis 1 ½ Stunden. Frühes Aufstehen für selbst gemachte, frische Brötchen gehört damit der Vergangenheit an. Wenn das kein Argument ist – besonders in der Weihnachtszeit!

Zutaten

Für etwa 35 Brötchen
500 g Mehl
½ Würfel frische Hefe
270 ml lauwarmes Wasser
1 Prise Zucker
25 g Butter, weich
2 TL Salz
1 Eigelb

Zum Bestreuen:
Kerne und Körner, wie Sesam, Sonnenblumen-, Kürbiskerne (nach Belieben)

Für die Laugenvariante:
100 ml Milch,
2 EL Natron
Etwas grobes Salz

Zubereitung

1 Mehl in eine große Schüssel geben und eine kleine Mulde hineindrücken. In einer Tasse die frische Hefe mit etwa 100 ml lauwarmem Wasser und der Prise Zucker verrühren und auflösen.

2 Auf den Mehlrand weiche Butter und Salz geben, das Hefewasser in die Mulde gießen, leicht mit etwas Mehl vermischen und den Teig zugedeckt an einem warmen Ort 15 Minuten gehen lassen. Danach das restliche Wasser zugeben und alles einige Minuten lang zu einem glatten Teig kneten.

3 Aus dem Teig längliche Stränge formen und nochmals abgedeckt rund 20 Minuten gehen lassen, bis sie deutlich aufgegangen sind. Dann die Teigrollen mit einem scharfen Messer in sehr kleine Brötchenstücke teilen und mit der Hand in eine schöne Form bringen.

4 Ofen auf 200 Grad (Umluft) vorheizen. Brötchen vor dem Backen mit einem verquirlten Eigelb bestreichen, mit Kernen, Körnern, Salz und mehr (nach Belieben) bestreuen. Für die Laugen-Variante die Milch in einem kleinen hohen Topf aufkochen, von der Platte nehmen und das Natron hineingeben. Den Schaum mit einem Löffel oder Pinsel auf die rohen Brötchen geben und mit etwas grobem Salz bestreuen. Die Brötchen 15–20 Minuten backen.

Zum Verschenken: Einen rustikalen Drahtkorb mit etwas Papier auslegen und aus dem gleichen Papier ein Fähnchen schneiden, bestempeln und um den Griff kleben.

fröhliche
Weihnachten

FRÖHLICHE
WEIHNACHTEN

Knäcke-Rauten

Knuspriges Roggenbrot mit Körnern

Knäckebrot hat leider nicht gerade das beste Image. Trocken. Langweilig. Nur für Menschen auf Diät. Dabei kann so viel Geschmack in ihm stecken, wie diese Variante mit Roggenschrot und Sonnenblumenkernen zeigt.

Zubereitung

1 Die Hefe in einen Teil des lauwarmen Wassers bröckeln und umrühren, damit sie sich auflöst. Öl, Honig und das restliche Wasser zugeben und alles gut miteinander vermischen.

2 Die beiden Mehlsorten mit Schrot und Salz in eine große Schüssel geben. Die Hefeflüssigkeit zunächst mit den Knethaken, dann mit den Händen mit dem Mehl verarbeiten. Den Teig mit einem Küchentuch abdecken und an einem warmen Ort etwa 2 Stunden gehen lassen.

3 Ofen auf 220 Grad (Ober-/Unterhitze) vorheizen. Hefeteig auf einer mit Mehl bestäubten Arbeitsfläche nicht zu dick auswellen, mit einem Messer oder einer großen Ausstechform Rauten ausstechen, mit etwas Wasser bepinseln und mit Kernen bestreuen.

4 Knäcke-Rauten auf ein mit Backpapier belegtes Blech legen und etwa 15 Minuten backen.

Zum Verschenken: Sie sollten die Knäcke-Rauten unbedingt an der Luft lagern; in Plastiktüten oder Klarsichtfolie werden sie weich. Direkt zum Verschenken können Sie aber einige Rauten mit einem Band zu einem Päckchen zu verschnüren und zum Schutz in Klarsichtfolie wickeln.

Zutaten

Für ca. 50 große Rauten

1 Würfel frische Hefe (42 g)

Etwa 550 ml lauwarmes Wasser

4 EL Sonnenblumenöl

1 EL Honig

300 g Roggenmehl

300 g Weizenmehl

150 g Roggenschrot

2 TL Salz

Sonnenblumenkerne (oder andere Nüsse und Samen) zum Bestreuen

Sache
HAUSGEMACHT

Schokoladen-Nougat-Aufstrich

Viel besser als gekauft

Cremig und süß, mit Schokolade und Nuss – muss man da noch mehr sagen? Anders als bei der gekauften Variante weiß man bei diesem Aufstrich auch genau, was drinsteckt, und kann die Süße je nach Vorliebe auch mal dezent halten.

Zubereitung

1 Die weiche Butter mit dem Handmixer einige Minuten lang schaumig schlagen. Die Schokolade im Wasserbad schmelzen und lauwarm abkühlen lassen.

2 Die Schokolade mit den restlichen Zutaten unter die Butter rühren und nach Belieben mit gesiebtem Puderzucker oder Honig süßen.

3 Den Schokoladenaufstrich zugedeckt im Kühlschrank einige Stunden durchziehen lassen, dann in ein Glas füllen. Gekühlt ist er etwa 1 Woche lang haltbar.

4 Tipp: Als Erwachsenen-Variante kann man statt der 50-prozentigen Zartbitter-Schokolade auch 70-prozentige nehmen. So wird der Aufstrich deutlich herber.

Zum Verschenken: Im Glas ist der Aufstrich sowieso, es braucht also nur noch ein schönes Etikett für den Deckel und ein schicke Schleife für den festlichen Schimmer.

Zutaten

Für 2 Gläser (je 200 ml)

150 g Butter

100 g Zartbitter-Schokolade (z. B. 50 %)

80 g Haselnussmus

Etwas gemahlene Vanilleschote

1 Prise Salz

3 TL Puderzucker oder Honig (zum Süßen)

Lime-Curd

Eine Frühstücksvariante der Zitronencreme

In Großbritannien wird die leicht säuerliche Zitronen-Ei-Creme vor allem als Aufstrich zu Scones und Brötchen gereicht. Aber Lemon Curd kann noch viel mehr: Wir lieben ihn auch als Füllung von Macarons oder einer Zitronentarte mit Baiserhaube.

Zutaten

Für 2 Twist-off-Gläser (je 300 ml)

2 Zitronen
2 Limetten
160 g Zucker
1 ½ TL Speisestärke (gehäuft)
80 g Butter
3 Eier (L)

Zubereitung

1 Die Zitronen und Limetten waschen und die Schale abreiben. Früchte halbieren, auspressen und rund 150 ml Saft abmessen. Man kann auch nur Zitronen oder nur Limetten verwenden, sollte diese aber frisch pressen und keinen fertigen Saft nehmen.

2 Zitronensaft, -abrieb, Zucker und Speisestärke in einem Topf verrühren. Aufkochen lassen und die Butter in kleinen Stückchen zugeben.

3 Die Eier mit einer Gabel in einer Tasse verquirlen. Den Herd mit der Zitronen-Zucker-Masse auf mittlere Hitze zurückschalten und die geschlagenen Eier mit einem Schneebesen ebenfalls unterrühren. Die Creme etwa 3 Minuten unter ständigem Rühren dicklicher werden lassen. Der Lemon Curd darf dabei nicht mehr kochen, damit die Eier nicht stocken und die Creme ausflockt.

4 Den heißen Lemon Curd randvoll in heiß ausgespülte Twist-off-Gläser füllen und diese sofort verschließen. Hält sich ungeöffnet, kühl und dunkel gelagert etwa 2 Wochen.

Zum Verschenken: Ein Glas mit goldenem Deckel betont die gelb-goldene Farbe des Lime-Curds und ein buntes Band sorgt noch einmal für Kontrast.

FÜR DICH

Bratapfel-Crem

So kommt der Winter aufs B

Der Duft von Bratäpfeln gehört für m
wie Plätzchenbacken und ein Adventskranz. Den Geschm
wenn man die Äpfel vorher im Ofen backt un

Zutaten

Für 4 Twist-off-Gläser (je 300 ml)

800 g Äpfel
Saft von einer Zitrone
100 g Marzipanrohmasse
1 TL Zimt (gehäuft)
8 Tropfen Bittermandelöl
500 g Gelierzucker (2:1)
100 g Rosinen

Zubereitung

1 Die Äpfel waschen, schälen, vom Kernge… würfel schneiden. Apfelwürfel in eine backfeste Form … 90 Grad (Ober-/Unterhitze) backen, bis sie weich und leic… nt sind – das dauert etwa 20–25 Minuten. Aus dem Ofen nehmen und … einen hohen Rührbecher geben.

2 Apfelwürfel mit Zitronensaft, Marzipanrohmasse in kleinen Stücken, Zimt und Bittermandelöl pürieren. Es macht nichts, wenn die Masse noch etwas stückig ist.

3 Das Apfelpüree mit dem Gelierzucker in einen größeren Topf geben und aufkochen. Die Rosinen ebenfalls dazugeben. Die Konfitüre bei großer Hitze unter ständigem Rühren etwa 5 Minuten sprudelnd kochen lassen.

4 Die Bratapfelkonfitüre sofort randvoll in heiß ausgespülte Twist-off-Gläser füllen und diese gleich verschließen. Gläser zum Abkühlen 10 Minuten auf den Kopf stellen. Die Konfitüre ist ungeöffnet etwa ein 9 Monate lang haltbar, kann nach einiger Zeit wegen des 2:1-Gelierzuckers aber leicht ihre Farbe verändern.

FROHE WEIHNACHTEN · FROHE WEIHNACHTEN

Erdnuss-Honig-Creme

Schmeckt mit Süßem und Pikantem

In unserem Kühlschrank haben wir immer ein Glas dieser Nusscreme auf Vorrat. Sie ist nicht nur eine leckere Abwechslung auf dem Frühstückstisch, sondern kann auch zum Verfeinern pikanter, exotischer Gerichte verwendet werden.

Zubereitung

1 Die Erdnüsse mit einem Küchenhäcksler grob zerkleinern. In einen hohen Becher geben, mit Honig und Öl verrühren und pürieren.

2 Die Nuss-Creme mit dem ausgekratzten Vanillemark abschmecken und randvoll in ein heiß ausgespültes Glas füllen. Das Mus hält sich, im Kühlschrank gelagert, etwa 1 Monat.

Zum Verschenken: Da die Erdnusscreme etwas blass in der Farbe ist, darf es gern ein kräftig rotes Band zur festlichen Verzierung sein. Passend dazu gibt es gleich noch einen roten Weihnachtsaufkleber für den Deckel.

Zutaten

Für 1 Glas (200 ml)

200 g geröstete ungesalzene Erdnüsse

3–5 EL Honig (nach Belieben)

90 ml Erdnussöl

Mark einer Vanilleschote

Granatapfel-Orangen-Sirup

Fruchtig und farbenfroh

Ein fruchtiger Sirup, der sich zum Süßen von Tee genauso wie für Joghurt, Milchshakes oder Quarkspeisen eignet. Schmeckt auch als Abschluss eines weihnachtlichen Menüs zu Desserts wie Eiscreme oder Pfannkuchen.

Zutaten

Für 2 kleine Flaschen (je 150 ml)

4 Saftorangen
4 Granatäpfel
240 g Zucker
2 Nelken
1 kl. Zimtstange
Mark einer Vanilleschote

Zubereitung

1 Die Orangen halbieren und mit der Hand oder mit einem Entsafter rund 300 ml Saft auspressen. Die Granatäpfel ebenfalls halbieren und auf einem Entsafter auspressen. Alternativ die Fruchtkerne mit der Hand von der Schale lösen. Kerne dann in einem Mörser pressen und durch ein Sieb streichen, um ebenfalls etwa 300 ml Saft zu erhalten. Die Saftmenge für den Sirup soll insgesamt rund 600 ml betragen. Je nachdem, wie viel Saft die Früchte ergeben, kann man die Menge mit etwas Wasser auffüllen oder mehr Orangen- statt Granatapfelsaft verwenden.

2 Die Säfte zusammen durch ein Sieb streichen und in einem Topf mit dem Zucker verrühren. Nelken, Zimstange und ausgekratztes Mark einer Vanilleschote zugeben und zum Kochen bringen.

3 Unter gelegentlichem Rühren rund 20 Minuten köcheln lassen, bis der Saft zu Sirup eingekocht ist.

4 Flaschen mit heißem Wasser ausspülen. Nelken und Zimtstange aus dem Saft entfernen. Den Sirup, wenn nötig, mit einem Schaumlöffel abschäumen und heiß in die Flaschen füllen. Flaschen verschließen und Sirup kühl lagern. Beim Abkühlen wird der Sirup noch dickflüssiger.

Zum Verschenken: Kleine Milchflaschen mit einem breiten Hals eignen sich besonders gut, den dickflüssigen Sirup später wieder aus der Flasche herauszubekommen. Da passt sogar ein kleiner Löffel zum Naschen hinein.

fröhliche

Chai-Gewürzmischung

Für Tee und Chai-Latte

Das indische Wort »Chai« bedeutet »Tee«, weswegen der Begriff »Chai-Tee« eigentlich zu viel des Guten ist. Diese Gewürzmischung eignet sich nicht nur für Chai-Latte, sondern auch für Desserts wie orientalisch angehauchte Panna cotta.

Zutaten

Für 1 Tütchen Gewürzmischung

4 Zimtstangen
6 Gewürznelken
4 Kardamomkapseln
5 schwarze Pfefferkörner
1 Sternanis
½ TL Ingwerpulver (nach Belieben)
1 TL Orangenschale (nach Belieben)

Für 1 Liter fertigen Tee zusätzlich

500 ml Wasser
500 ml Milch
Honig oder Zucker (zum Süßen)
3 EL Assam-Tee

Zubereitung

1 Für Chai-Tee alle Gewürze mit 500 ml Wasser aufkochen und 10 Minuten köcheln lassen. 500 ml Milch und nach Belieben einige EL Honig oder Zucker zugeben und weitere 5 Minuten köcheln lassen.

2 Vom Herd nehmen. 3 EL guten schwarzen Tee (am besten Assam) unterrühren und rund 5 Minuten ziehen lassen. Tee durch ein Sieb gießen und heiß genießen.

Zum Verschenken: In kleinste Weckgläser verpackt, ist das Gewürz gleich passend portioniert. Der Deckel wird einfach mit einem weihnachtlichen Masking-Tape fixiert. Anleitung zum Teekochen auf schönes Pergament schreiben und dazugeben.

MERRY CHRISTMAS!
MERRY CHRISTMAS!

Leckeres Adventsgebäck

Das ganze Jahr über freue ich mich darauf, im Advent wieder Plätzchen, Stollen, Kuchen und Kekse backen zu können. In diesem Kapitel stelle ich Ihnen meine Lieblingskreationen im Kleinformat vor; Klassiker aus meiner Heimat Franken gehören genauso dazu wie modernes Gebäck aus aller Welt. Lassen Sie sich inspirieren – Backen macht glücklich!

FROHE WEIHNACHTEN · FROHE WEIHNACHTEN ·

Saftige Chili-Lebkuchen

Wunderbar weich und ganz ohne Mehl

Wenn Sie diese selbst gemachten Lebkuchen einmal gebacken haben, werden Sie nie mehr welche kaufen wollen. Mir war bei diesem Rezept wichtig, dass sie nicht lange durchziehen müssen, sondern dass man sie sofort essen kann.

Zubereitung

1 Die Mischung aus Orangeat und Zitronat sehr fein hacken, am besten mit einem Küchenhäcksler; die Schokolade fein reiben oder ebenfalls sehr klein hacken.

2 Die Eier schaumig schlagen, dabei den Zucker einrieseln lassen. Die Mandeln sowie alle weiteren Zutaten für den Teig vermischen und zur Eier-Zucker-Masse geben. Kurz zu einem glatten Teig verarbeiten. Der Teig soll etwas klebrig sein. Sollte er allerdings allzu weich sein, einfach noch Mandeln unterrühren. Dann etwa 2 Stunden ruhen lassen.

3 Ofen auf 180 Grad (Ober-/Unterhitze) vorheizen. Den Lebkuchenteig mit einer Lebkuchenglocke oder zwei Esslöffeln auf die Oblaten geben. Lebkuchen auf ein mit Backpapier belegtes Blech setzen und rund 15 Minuten backen.

4 Lebkuchen abkühlen lassen, mit flüssiger Schokoladenkuvertüre bestreichen und mit Chiliflocken bestreuen.

Zum Verschenken: Schokoglasuren sind recht empfindlich und sehen durchgeschüttelt in einer Dose schnell angestoßen aus. Wenn die Lebkuchen aber gestapelt und mit einem Band verschnürt werden, bleibt auch der Schokoglanz in seiner ganzen Pracht erhalten.

Zutaten

Für etwa 30 Lebkuchen

150 g Orangeat und Zitronat

50 g Zartbitter-Schokolade (z. B. 70 %)

4 Eier (M)

130 g brauner Zucker

330 g gemahlene Mandeln (alternativ 250 g Mandeln + 80 g Nüsse oder Mehl)

1 TL Rum

Einige Tropfen Bittermandelöl

2 TL Zimt oder Lebkuchengewürz

1 Prise Salz

1 Msp. Backpulver

2 TL Chiliflocken oder ½ TL -pulver; außerdem Flocken zum Bestreuen

30 Lebkuchenoblaten (Ø 5 cm)

Etwa 250 g Zartbitter-Kuvertüre

Macadamia-Schoko-Cookies

Wunderbar weich

Anders als deutsche Kekse sollen diese amerikanischen Riesencookies nicht komplett durchgebacken, sondern innen noch leicht weich (»chewy«) sein. Das Geheimnis für die richtige Konsistenz ist gesüßte Kondensmilch im Teig.

Zutaten

Für etwa 12 große Cookies

200 g gehackte weiße + Zartbitter-Schokolade (z. B. 50 %) oder Schokodrops

150 g gesalzene Macadamianüsse

300 g Butter, weich

170 g Zucker

300 g gezuckerte Kondensmilch aus der Dose (Milchmädchen)

480 g Mehl

1 Prise Natron

1½ TL Backpulver

Zubereitung

1 Zunächst die Zutaten für den Belag, also Schokolade und Nüsse, in kleine Stückchen schneiden bzw. hacken. Den Ofen auf 180 Grad (Ober-/Unterhitze) vorheizen.

2 Die weiche Butter mit dem Zucker schaumig rühren, danach die gezuckerte Kondensmilch zugeben und weiterrühren. Mehl mit Natron und Backpulver mischen und zum Teig geben.

3 Etwas Teig mit den Händen zu einer Kugel formen, diese auf ein mit Backpapier belegtes Backblech setzen und mit einem Esslöffel platt drücken. Die Cookies sollen relativ groß sein, gehen beim Backen aber ohnehin noch auf.

4 Auf jeden Cookie einige Schokoladen- und Nussstückchen geben und leicht in den Teig drücken. Etwa 13 Minuten backen, bis die Cookies am Rand leicht gebräunt sind. Sie sollen auf keinen Fall komplett durchgebacken oder knusprig sein; beim Abkühlen werden sie zudem noch stabiler. Luftdicht verschlossen aufbewahren. Die Cookies eignen sich auch gut zum Einfrieren.

Zum Verschenken: Jedem Riesen-Cookie sein eigenes Tütchen. Mithilfe einer Plätzchenform einen Tannenbaum auf die Tüten zeichnen und als Guckloch ausschneiden. Den Cookie dann in Folie wickeln und ab in die Tüte.

XMAS'
COOKIE

Englische Halbmond-Kekse

Butterzart durch gekochtes Eigelb

Das Rezept aus der Sammlung meiner Großmutter klingt zunächst vielleicht etwas ungewöhnlich. Aber diese Kekse mit Zitronenguss werden so zart, dass sie aus unserer Weihnachtsbäckerei seit Langem nicht mehr wegzudenken sind.

Zutaten

Für etwa 75 Kekse

4 Eigelb (M)
140 g Butter, weich
70 g Zucker
140 g Mehl
Saft einer Zitrone
1 EL Wasser
140 g Puderzucker

Zubereitung

1 Die Eier trennen. Eigelbe vorsichtig in leicht gesalzenes kochendes Wasser fallen und hart kochen lassen. Alternativ kann man natürlich auch das ganze Ei kochen und das Eigelb danach vom Eiweiß lösen. Die Eigelbe separat zu kochen hat den Vorteil, dass man die Eiweiße noch für Makronen o. Ä. verwenden kann. Anschließend durch ein Sieb drücken oder fein reiben.

2 Die Butter schaumig schlagen, Zucker, Eigelb und Mehl dazugeben und alles zu einem homogenen Teig rühren. Teig zu einer Kugel formen und in Frischhaltefolie gewickelt für 1 Stunde in den Kühlschrank stellen.

3 Ofen auf 170 Grad (Ober-/Unterhitze) vorheizen. Teig auf einer leicht mit Mehl bestäubten Arbeitsfläche dünn ausrollen und Monde ausstechen. Man kann den Teig auch zwischen 2 Lagen Klarsichtfolie oder einem aufgeschnittenen Gefrierbeutel ausrollen; so bleibt nichts kleben. Die Monde 8–10 Minuten sehr hellbraun backen. Auf dem Backpapier abkühlen lassen, da die Kekse etwas zerbrechlich sind.

4 Für den Guss Zitronensaft, Wasser und Puderzucker mit dem Rührgerät einige Minuten lang zu einer zähen Masse verrühren. Auf die Kekse streichen und trocknen lassen.

MERRY

Gefüllte Weihnachtsbusserl

Muschel-Plätzchen mit Schokocreme

Diese hübsche Spritzgebäckvariante meiner Oma bringt nicht nur geschmacklich, sondern auch optisch Abwechslung auf den Plätzchenteller. Gefüllt werden können die Busserl mit selbst gemachter Zartbittercreme, Marmelade oder Kuvertüre.

Zubereitung

1 Den Herd auf 180 Grad (Ober-/Unterhitze) vorheizen. Für den Teig Butter mit Puderzucker schaumig schlagen; das Ei unterrühren, bis sich eine homogene Masse ergibt, dann das Mehl mit der Zitronenschale nach und nach dazugeben. Der Teig sollte vergleichsweise weich sein, damit man ihn gut spritzen kann. Ansonsten noch 1 EL Milch oder Rum zugeben.

2 Mit einem Spritzbeutel Teigtupfen auf ein mit Backpapier belegtes Blech spritzen. Die Tupfen sollen gut haselnussgroß sein und wie kleine Muscheln aussehen. Das Blech mit den Tupfen etwa 30 Minuten kühl stellen.

3 Die Muscheln etwa 15–20 Minuten backen, bis sie leicht gebräunt sind. Abkühlen lassen und die Unterseite mit Kuvertüre, Nougatcreme oder Marmelade bestreichen; zwei Stück zusammensetzen und die Doppeldecker mit Puderzucker bestäuben. Muscheln in einer gut schließenden Keksdose lagern. Nur mit Schokolade bestrichen sind die Busserl am längsten haltbar.

4 Für die Füllung mit Zartbittercreme die Sahne aufkochen, die klein gehackte Kuvertüre dazugeben und glatt rühren; anschließend abkühlen lassen. Butter dazugeben und für 30 Minuten in den Kühlschrank stellen. Die Creme danach mit dem Rührgerät kurz aufschlagen und mit dem Spritzbeutel je zwei Busserl füllen.

Zum Verschenken: Die frisch gefüllten Busserl lieber etwas fest und stabil werden lassen, bevor sie verpackt werden. Sonst besteht die Gefahr, dass die Doppeldecker gleich wieder auseinanderflutschen.

Zutaten

Für etwa 25 gefüllte Muscheln

170 g Butter, weich
75 g Puderzucker
1 Ei (M)
250 g Mehl
Etwas abgeriebene Zitronenschale
Evtl. 1 EL Milch oder Rum

Für die Schokocreme-Füllung:

100 g dunkler Kuvertüre, 150 ml Schlagsahne und 20 g Butter

Zitronen-Shortbread

Schottischer Genuss mit Mohn

Wer schon einmal in Schottland war, ist an diesem zarten Buttergebäck sicher nicht vorbeigekommen. Der Mürbteig für das Shortbread bekommt durch den Grieß eine feine Konsistenz und durch das Salz einen besonderen Geschmack.

Zutaten

Für 1 quadratische Backform (20 x 20 cm)

250 g Butter, weich
125 g Zucker + Zucker zum Bestreuen
250 g Mehl
Schale einer unbehandelten Zitrone
125 g Grieß
½ TL Salz
40 g Mohn

Zubereitung

1 Den Ofen auf 150 Grad (Ober-/Unterhitze) vorheizen. Die Butter mit dem Zucker schaumig schlagen. Mehl, Zitronenschale, Grieß und Salz dazugeben und ebenfalls unterrühren. Den Mohn unterheben.

2 Den Sandteig in eine mit Backpapier ausgelegte oder gefettete quadratische Backform (20 x 20 cm) geben, leicht andrücken und mehrmals mit der Gabel einstechen. Etwa 45 Minuten backen, bis das Shortbread goldgelb ist.

3 Shortbread aus dem Ofen nehmen und – solange es noch heiß ist – mit Zucker bestreuen. Für die typische Shortbread-Form in fingerbreite Streifen schneiden.

Zum Verschenken: Das Shortbread ist frisch und warm noch relativ empfindlich, kann später aber wunderbar gestapelt und verschnürt werden. Auf einem weihnachtlichen Tablett machen sich die kleinen Päckchen dann besonders gut.

CHRISTMAS

Kleine Panettoni

Italienische Christstollen im Blumentopf

Panettone, so etwas wie der Christstollen der Italiener, besteht aus einem fluffigen Hefeteig, der besonders lange geht. In seiner Heimat wird er auch Ostern gerne gegessen.

Zutaten

Für etwa 5 kleine Panettoni

½ Würfel frische Hefe
100 ml Milch, lauwarm
325 g Mehl
50 g Zucker
75 g Butter, weich
1 Prise Salz
½ TL Zitronenschale
½ TL Orangenschale
4 Tropfen Bittermandelöl
2 Eier (M)
1 Eigelb (M)
70 g Rosinen
70 g Orangeat + Zitronat

Zubereitung

1 Die Hefe in eine Tasse mit der lauwarmen Milch bröckeln und darin auflösen. Das Mehl in eine große Schüssel geben und eine Mulde bilden. Die Hefemilch hineinschütten, 1 EL Zucker darüberstreuen und mit etwas Mehl vom Rand vermischen. Vorteig zugedeckt an einem warmen Ort rund 20 Minuten gehen lassen. Dann die weiche Butter, den restlichen Zucker, Salz, Zitronen- und Orangenschale, Bittermandelöl, 2 verquirlte Eier und 1 Eigelb dazugeben. Alles miteinander vermengen. Abgedeckt an einem warmen Ort mindestens eine Stunde gehen lassen.

2 Die Rosinen mit heißem Wasser überbrühen, 10 Minuten ziehen lassen und abgießen. Zitronat und Orangeat fein hacken. Beides mit den Rosinen unter den Teig kneten. Nochmals eine Stunde gehen lassen.

3 Ofen auf 180 Grad (Ober-/Unterhitze) vorheizen. Kleine, hohe Tontöpfe wässern und mit Backpapier auslegen; alternativ kleine, hitzebeständige Förmchen fetten. Teig in 5 Portionen teilen und in die Formen geben. Nochmals zehn Minuten gehen lassen.

4 Die kleinen Panettoni 20–25 Minuten backen (Ober-/Unterhitze). Auskühlen lassen und mit Puderzucker bestäuben.

Zum Verschenken: Lassen Sie die Pannetoni einfach im Töpfchen – egal ob zum Verschenken oder zum Servieren. Anhänger oder Aufkleber aus roter Pappe wirken hier besonders weihnachtlich.

Merry Christmas

FROHE WEIHNACHTEN · FROHE WEIHNACHTEN ·

Orangen-Brownies

Mit feuchtem Schokoladenkern

Diese cremigen Brownies vereinen das feine Aroma von Zitrusfrüchten mit herber Zartbitterschokolade. Orangenliebhaber werden begeistert sein. Wer keinen Orangen-Kakao findet, kann normales Kakaopulver mit etwas Orangenschale aufpeppen.

Zubereitung

1 Die Butter mit der normalen Zartbitterschokolade im heißen Wasserbad langsam schmelzen und wieder etwas abkühlen lassen.

2 Ofen auf 170 Grad (Ober-/Unterhitze) vorheizen. Die Eier mit dem braunen Zucker in einer Rührschüssel aufschlagen, bis die Masse schaumig ist. Unter weiterem Rühren die Schoko-Butter-Masse mit dem Mehl sowie dem Kakao ebenfalls dazugeben. Zuletzt die Orangen-Zartbitterschokolade in kleine Stücke hacken und unterheben.

3 Den Brownieteig in eine mit Backpapier ausgelegte eckige Form geben, glatt streichen und etwa 35 Minuten backen. Die Brownies dürfen noch etwas feucht sein.

Zutaten

Für 1 rechteckige Form (25 x 25 cm)

150 g Butter
150 g Zartbitterschokolade (z. B. 50 %)
4 Eier (L)
220 g brauner Zucker
150 g Mehl
50 g Trinkschokolade-Kakaopulver mit Orange (z. B. DWP, Monbana)
100 g Orangen-Zartbitterschokolade

Zum Verschenken: Eckige Backförmchen aus Papier eignen sich nicht nur zum Backen, sondern auch zum Verpacken. Es gibt sie in vielen Farben und Mustern.

Glühwein-Gugl

Genuss im Miniaturformat

Diese kleinen Gugelhupfe haben alles, was einen perfekten Weihnachtskuchen ausmacht: wärmende Gewürze, Schokolade und ein wunderschönes Aussehen. Für kleine Genießer kann man sie auch mit Kirschsaft zubereiten.

Zutaten

Für etwa 15 Stück
40 g Vollmilch-Kuvertüre
60 g Butter, weich
50 g Puderzucker
1 Ei (M)
1 Prise Salz
Etwas Vanilleschote
1 Prise Zimt
1 Prise gemahlene Nelken
Schale einer Orange
40 ml Glühwein (oder Kirschsaft)
80 g Mehl
1 TL Kakaopulver
½ TL Backpulver

Zubereitung

1 Die Kuvertüre im Wasserbad oder in der Mikrowelle langsam schmelzen und etwas abkühlen lassen. Backofen auf 200 Grad (Ober-/Unterhitze) vorheizen. Eine Form mit Mulden für kleine Gugelhupfe leicht einfetten und kühl stellen.

2 Die weiche Butter mit dem Puderzucker schaumig schlagen. Ei, Salz, Vanilleschote, Zimt, Nelken und Orangenschale unterrühren.

3 In einer Schüssel Mehl, Kakaopulver und Backpulver mischen. Im Wechsel mit der geschmolzenen Schokolade und dem Glühwein unter den Teig heben.

4 Den Teig mit einem Spritzbeutel in die Förmchen füllen. Darauf achten, dass möglichst wenige Luftblasen entstehen; es kann helfen, den Teig in den Förmchen kurz mit einem Zahnstocher zu verrühren. Etwa 10–13 Minuten backen. Die Gugl sollen noch leicht feucht sein.

Zum Verschenken: Die Minis kugeln gern wild über- und umeinander. Zum Verpacken darf es also gern eine kleine Schale sein, aus der man die Minis als Fingerfood naschen kann.

Frohe Weihnachten

Minikuchen in der Waffel

Kunterbunte Hingucker für jedes Alter

Dieses handliche Gebäck ist der Liebling aller Kinder und ein Hingucker auf jeder Kaffeetafel. Besonders schön sehen die kleinen Kuchen natürlich aus, wenn jeder von ihnen ein bisschen anders dekoriert ist.

Zutaten

Für etwa 36 Mini-Waffelbecher

150 g weiche Butter
120 g Zucker
3 Eier
200 g Mehl
1 TL Backpulver
2–3 EL Milch
2 Packungen Waffel- bzw. essbare Likörbecher

Zum Verzieren:
Kuvertüre oder Zuckerdeko

Zubereitung

1 Die weiche Butter mit dem Zucker einige Minuten lang cremig schlagen, bis die Masse heller geworden ist. Die Eier nacheinander in die Schüssel geben und jedes Mal gut unterrühren.

2 Das Mehl mit dem Backpulver in einer zweiten Schüssel vermischen und zur Eier-Butter-Zucker-Masse geben. Ein paar EL Milch unterrühren, bis der Teig schwer reißend vom Löffel fällt.

3 Mit einem Spritzbeutel oder zwei kleinen Löffeln je etwas Teig in jeden Waffelbecher füllen. Die Becher dürfen nur gut zur Hälfte voll mit dem Teig sein, da die Kuchen im Ofen noch aufgehen.

4 Ofen auf 180 Grad vorheizen. Die kleinen Kuchen auf ein Backblech mit Backpapier stellen und ca. 15 Minuten backen.

5 Die Waffelkuchen abkühlen lassen und nach Belieben mit Kuvertüre, Zuckerkügelchen, Schokostreuseln oder anderer Backdeko verzieren.

Zum Verschenken: Da die Kuchen jeder für sich schon kleine Kunstwerke sind, braucht es gar keine große Verpackung mehr. Zum Transport leistet ein lackierter Eierkarton gute Dienste, da die Kuchen doch etwas kopflastig und kippelig sind.

aus meiner
Weihnachts-
bäckerei

Xmas

Kleine Schokoladentorte

Ein Traum aus Buttercreme und Pflaumenmus

An Buttercreme trauen sich selbst manch versierte Hobbybäcker nicht heran. Diese kleine Schokoladentorte ist jedoch selbst für Anfänger kein Problem. Wer mag, kann das Pflaumenmus noch mit weihnachtlichen Gewürzen aromatisieren.

Zubereitung des Bodens

1 Eine kleine Springform (Ø etwa 22–24 cm) einfetten, mit Mehl bestäuben und in den Kühlschrank stellen. Ofen auf 170 Grad (Ober-/Unterhitze) vorheizen. Die weiche Butter mit weißem und braunem Zucker sowie den Eiern schaumig rühren.

2 Das Kakaopulver mit heißem Wasser übergießen und gut umrühren, damit es sich auflöst. Etwas abkühlen lassen, dann lauwarm mit der Buttermilch verrühren.

3 In einer zweiten Schüssel Mehl, Backpulver und Salz vermischen. Abwechselnd mit der Kakao-Milch nach und nach zum Butter-Zucker-Eier-Schaum geben.

4 Den Schokoladenteig in die vorbereitete Springform geben, glatt streichen und etwa 30–35 Minuten backen. Der Kuchen bleibt dabei etwas feucht!

5 Den Tortenboden auskühlen lassen.

Zutaten

Für 1 Torte

200 g Butter, weich
150 g Zucker
100 g brauner Zucker
3 Eier (M)
80 g Kakao
60 ml Wasser, heiß
160 ml Buttermilch
300 g Mehl
2 TL Backpulver
½ TL Salz
150 g Pflaumenmus oder mehr, je nach Anzahl der Tortenschichten
1 Rezept Schokoladen-Buttercreme (siehe Seite 54)
Etwas geraspelte Zartbitterschokolade zum Bestreuen (z. B. 70 %)

Zutaten

Für gelingsichere Buttercreme

1 Pck. Schokoladen-Puddingpulver (zum Kochen)

400 ml Milch

2 EL Zucker

100 g gehackte Zartbitter-Kuvertüre

250 g Butter, Zimmertemperatur

50 g Puderzucker

Zubereitung der Buttercreme

1 Aus dem Puddingpulver, der Milch und dem Zucker nach Packungsanweisung einen Pudding kochen. Achtung: Für die Creme weniger Milch verwenden, als auf der Anleitung angegeben ist!

2 Die gehackte Kuvertüre in den noch warmen Pudding rühren. Den Pudding in eine Schüssel geben und bei Zimmertemperatur abkühlen lassen. Währenddessen immer wieder mal umrühren bzw. mit Klarsichtfolie bedecken, damit keine Haut entsteht. Die Butter aus dem Kühlschrank nehmen.

3 Die weiche Butter, die unbedingt – wie der Pudding – Zimmertemperatur haben muss, in eine Schüssel geben. Butter und Puderzucker hell schaumig rühren. Den Pudding langsam, Esslöffel für Esslöffel, unterrühren, bis eine homogene Creme entsteht.

Zubereitung der Torte

1 Den ausgekühlten Tortenboden, je nach Höhe, mit einem großen Messer oder einem Faden ein- oder zweimal waagrecht durchschneiden. Auf dem untersten Boden das mit einer Gabel glatt gerührte Pflaumenmus verteilen. Darauf etwa ein Drittel der Schokoladen-Buttercreme streichen.

2 Den zweiten Tortenboden auflegen und die Torte mit einer Streichpalette oder einem Tortenspachtel rundherum mit der restlichen Creme einstreichen. Sollte die Buttercreme etwas zu weich sein, vorher noch kurz kühl stellen. Die fertige Torte mit etwas geraspelter Zartbitterschokolade bestreuen.

Zum Verschenken: Am besten macht sich die Torte natürlich auf einer kleinen Tortenplatte – zum Transport sollte man noch eine Kuchenhaube aus Plastik zur Hilfe nehmen. Es ist viel zu schade, die Torte in einem Karton zu verstecken.

Kürbis-Cupcakes

Mit weihnachtlichem Zimtfrosting

Kürbisse eignen sich wie Möhren wegen ihres eher süßlichen Geschmacks sehr gut für Kuchen. Durch das Kürbismus werden die Cupcakes zudem schön saftig; Chai-Gewürze und Zimt-Buttercreme sorgen für einen weihnachtlichen Touch.

Zubereitung

1 Für das Kürbispüree kleine Hokkaido-Stücke bei 200 Grad (Ober-/Unterhitze) etwa 45 Minuten backen, bis sie weich sind; alternativ einige Minuten in etwas Wasser kochen. Dann die Kürbisstücke mitsamt Schale pürieren und 250 g abwiegen.

2 Ofen auf 180 Grad (Ober-/Unterhitze) vorheizen. Das Kürbispüree in einer Rührschüssel zunächst mit dem Zucker verrühren, dann Eier, Öl und Milch dazugeben und alles gut vermischen.

3 Mehl, 3 TL Chai-Gewürz, Backpulver, Natron und Salz mit in die Schüssel geben und gründlich, aber nicht zu lange zu einem homogenen Teig verarbeiten. Diesen in ein Muffinblech mit Silikon- oder Papierförmchen geben und für etwa 30 Minuten backen.

4 Für das Frosting die weiche Butter mit dem gesiebten Puderzucker schaumig rühren, das restliche Chai-Gewürz dazugeben und die Cupcakes mithilfe eines Spritzbeutels oder Esslöffels verzieren.

Zutaten

Für etwa 12 Cupcakes

250 g Kürbispüree, gekauft oder selbst gemacht
180 g brauner Zucker
2 Eier (L)
120 ml Sonnenblumenöl
50 ml Milch
250 g Mehl
5 TL Chai-Gewürz oder eine Mischung aus Zimt, Nelken, Ingwer
1 TL Backpulver
½ TL Natron
½ TL Salz
100 g Butter, weich
180 g Puderzucker

Cantuccini-Küchlein

Mandelmuffins mit Kirschen

Cantuccini sind traditionelle italienische Mandelkekse, die, ähnlich wie Zwieback, doppelt gebacken werden. Gemahlen sorgen sie für das feine Marzipan-Aroma dieser Muffins und einen leicht kernigen Biss.

Zutaten

Für etwa 12 Muffins

200 g Cantuccini-Kekse
150 g Butter, weich
80 g Zucker
3 Eier (M)
125 g Mehl
1 TL Backpulver
100 g gemahlene Mandeln
Etwa 150 g eingemachte Kirschen (nach Belieben)

Zubereitung

1 Cantuccini portionsweise in sehr kleine Stücke hacken. Dafür am besten einen Küchenhäcksler verwenden oder die Kekse in einen Gefrierbeutel geben und mit einem Nudelholz mehrfach darüberwälzen. Die Cantuccini sollten grob gemahlen sein, es können aber durchaus noch einige größere Stücke übrig bleiben.

2 Ofen auf 170 Grad (Ober-/Unterhitze) vorheizen. Die Butter mit dem Zucker schaumig schlagen, nacheinander die Eier ebenfalls unterrühren. Die zerbröselten Cantuccini, Mehl, Backpulver und gemahlene Mandeln darunter mischen.

3 Muffinteig in Papier- oder Silikonförmchen füllen und diese auf ein Muffinblech stellen. Kirschen abtropfen lassen, auf die Förmchen verteilen und leicht in den Teig drücken. Muffins etwa 25 Minuten backen.

Zum Verschenken: Es gibt so viele schöne Muffinförmchen, mehr muss hier gar nicht sein. Mit Papier und Weihnachtstempel noch schnell ein passendes Schild gebastelt und am Zahnstocher in die Muffins gesteckt.

WEIHNACHTSBACKEREI

Ulmer Brot

Aromatischer Gewürzkuchen

Seit meiner Kindheit ist dies eines meiner absoluten Lieblingsrezepte im Advent. Obwohl der Name etwas anderes vermuten lässt, stammt das Gebäck aus Unterfranken. Besonders saftig wird dieser Kuchen vom Blech durch den Kaffee im Teig.

Zutaten

Für 1 großes oder 2 kleinere Bleche

340 ml starker Kaffee
170 g Margarine
300 g brauner Zucker
170 g Zucker
3 Eier (M)
100 g Orangeat und Zitronat
1 kg Mehl
2 Pck. Backpulver
80 g gemahlene Nüsse oder Mandeln
2 EL Kakaopulver
2 TL Zimt
200 g Vollmilch-Schokoladenglasur
Zuckerkügelchen oder halbierte Walnüsse zum Dekorieren

Zubereitung

1 Einen starken Kaffee zubereiten, 340 ml abmessen und abkühlen lassen. Ofen auf 180 Grad (Ober-/Unterhitze) vorheizen.

2 Die Margarine mit dem braunen und weißen Zucker sowie den Eiern schaumig rühren. Orangeat und Zitronat klein hacken. In einer zweiten Schüssel Mehl, Backpulver, Nüsse, Kakao, Zimt sowie gehacktes Orangeat und Zitronat mischen. Im Wechsel mit dem Kaffee unter die Eier-Zucker-Masse rühren.

3 Den Teig auf ein großes oder zwei kleine mit Backpapier ausgelegte Bleche streichen und rund 30 Minuten backen.

4 Abkühlen lassen, mit flüssigem Schokoladenguss bestreichen und Walnüssen oder Zuckerdekor verzieren. Wenn die Glasur fest ist, den Lebkuchen in kleine Rauten oder Quadrate schneiden und in Blechdosen lagern. Das Ulmer Brot hält sich mehrere Wochen.

Zum Verschenken: Besonders schön sieht es aus, wenn das Ulmer Brot erst geschnitten und dann glasiert wird. So kann die Glasur an den Seiten leicht heruntertropfen und jede Raute ist etwas ganz Besonderes. Edel wird es mit silbernen Zuckerperlen.

Zuckersüßes Naschwerk

In diesem Kapitel dreht sich alles um süßen Genuss im Miniaturformat: Leuchtendes Konfekt, schokoladige Pralinen und cremiges Fudge sorgen besonders im kalten Winter für gute Laune. Das Beste: Für meine Rezepte brauchen Sie keine große Ausstattung oder viel Vorwissen. Einfach loslegen und verführen lassen!

mit Liebe
FÜR DICH
gemacht

Ananas-Ingwer-Konfekt

Fruchtig-scharfe Pralinen mit Marzipan

Kandierter Ingwer ist nicht jedermanns Sache. Und so sind auch diese Pralinen entstanden, weil ich mit einer angebrochenen Packung nichts anzufangen wusste. Das Konfekt gehört seither zu unseren liebsten Süßigkeiten.

Zubereitung

1 Die kandierten Früchte sehr klein hacken, am besten in einem Häcksler. Mit Puderzucker, Mandeln, klein geschnittener Marzipanrohmasse und Rum zu einer homogenen Masse verkneten.

2 Das Marzipan (nicht zu dünn) ausrollen; dafür am besten einen großen Gefrierbeutel aufschneiden und zwischen zwei Lagen ausrollen. Aus der Masse Formen wie Herzen und Sterne ausstechen und diese für mindestens 30 Minuten Stunde kühl stellen.

3 Das Konfekt mit einer Pralinengabel (alternativ Zahnstocher oder feine Kuchengabel) in die geschmolzene Glasur tauchen und zum Trocknen auf ein Pralinengitter oder Backpapier legen. Mit feinen Streifen kandierter Früchte dekorieren. Die Pralinen kühl lagern.

Zum Verschenken: Eine alte Backform aus Kupfer sieht zu dem Konfekt sehr edel aus. Rotes Seidenpapier und eine kleine goldene Schleife wirken klassisch weihnachtlich und sehr festlich.

Zutaten

Für rund 30 Stück

50 g getrocknete kandierte Ananas

30 g getrockneter kandierter Ingwer

40 g Puderzucker

50 g gemahlene Mandeln

200 g Marzipanrohmasse

2 EL Rum

Etwa 150 g Zartbitter-Kuvertüre

Zum Dekorieren:

Einige Streifen kandierte Früchte

Quittenbrot

Leuchtendes Konfekt aus Portugal

Der Name dieser Süßigkeit führt etwas in die Irre. Beim »Dulce de membrillo« handelt es sich um eingekochtes und getrocknetes Quittenmus. Für den Aufwand wird man mit einem kulinarischen Genuss belohnt, den man nicht einfach so kaufen kann.

Zutaten

Für 1 großes Backblech

1,2–1,5 kg frische Quitten (= 1 kg Quittenmus)
1 kg Gelierzucker (1:1)
1 Pck. Zitronensäure
Zucker zum Wälzen

Zubereitung

1 Für das Quittenmus den Flaum der Quitten mit einem Küchenpapier oder anderen trockenen Tuch abreiben. Quitten waschen und vierteln, den Fruchtansatz, Stiel und das Kernhaus herausschneiden. Die Früchte mit Wasser bedecken und ziemlich weich kochen (dauert etwa 30–40 Minuten).

2 Das Wasser abgießen und die Quitten pürieren. Mit dem Gelierzucker und der Zitronensäure verrühren, in einen Topf geben und aufkochen. Unter Rühren so lange köcheln lassen, bis die Masse zäher und dicklich wird (mindestens 15 Minuten). Wenn man mit einem Holzkochlöffel eine Art »Straße« auf dem Topfboden ziehen kann, ist das Mus fertig.

3 Die Quittenmasse auf mit Backpapier belegtes großes Backbleche streichen und einige Tage lang bei Zimmertemperatur trocknen lassen. Wenn das Quittenbrot an der Oberfläche nicht mehr allzu sehr klebt, herumdrehen, damit auch die andere Seite trocknet.

4 Sobald man das Quittengelee vom Backpapier abziehen kann, ist es fertig. Mit Zucker bestreuen und in Rauten schneiden. Oder den Zucker auf ein Holzbrett streuen, die Quittenplatte darauflegen und vor dem Schneiden nochmals etwas trocknen lassen. In einer Blechdose kühl und trocken lagern.

Zum Verschenken: Das Quittenbrot muss wirklich gut getrocknet sein, sonst ist es klebrig und lässt sich nur schwer verpacken. Am besten gut in Zucker wälzen und gern auch einzeln leicht in Butterbrotpapier wickeln.

CHRISTMAS GREETINGS

Schnelle Keks-Pralinen

Ungeheuer vielfältig und doch ganz einfach

Einfache leckere Pralinen, die schnell und einfach zu machen sind. Perfekt an hektischen Tagen. Am schönsten sieht natürlich eine Kombination aus weißer Schokolade und dunklen Keksen bzw. aus Zartbitterschokolade und hellen Keksen aus.

Zutaten

Für etwa 25 Pralinen

400 g Schokolade oder Kuvertüre (nach Belieben)

Etwa 80 g selbst gemachte oder gekaufte Kekse (z. B. Spekulatius, Butterkekse oder Oreo-Doppelkekse)

Zubereitung

1 Schokolade oder Kuvertüre im Wasserbad langsam schmelzen. Etwas abkühlen lassen.

2 Die Kekse klein hacken. Die Stückchen dürfen auf keinen Fall zu groß sein, sollten aber auch nicht zerkrümeln. Bei Doppelkeksen, wie Oreo, die Füllung vor dem Hacken entfernen.

3 Keksstückchen unter die Schokolade rühren oder im Wechsel mit der Schokolade mit einem Teelöffel in Pralinenformen (am besten aus Silikon) geben. Um Luftblasen in den Pralinen zu vermeiden, kann man die Schokoladen-Keks-Masse in den Förmchen leicht mit einem Zahnstocher verrühren.

4 Die Pralinen etwa 2 Stunden in den Kühlschrank stellen und danach stürzen bzw. aus der Silikonform drücken.

Zum Verschenken: Wie alles Schokoladige sollten auch die Keks-Pralinen nicht allzu grob behandelt werden. Ein flaches Schälchen eignet sich besonders gut, die Pralinen nur leicht zu stapeln. Ein weihnachtlicher Anhänger findet so auch noch einen Platz.

FRÖHLICHE
WEIHNACHTEN

Frohes Fest
Frohes Fest
Frohes Fest

Saftiges Quarkstollen-Konfekt

Mit Cranberries und Mandelstiften

Mit Christstollen hätte man mich viele Jahre lang jagen können. Der Geschmack von Zitronat und Orangeat begeistert mich immer noch nicht. Also habe ich diese Stollenvariante in Miniatur mit Cranberries entwickelt.

Zubereitung

1 Den Ofen auf 180 Grad (Ober-/Unterhitze) vorheizen. Butter und den Zucker mit einem Knethaken vermengen, die Eier einzeln dazugeben, dann den Quark sowie den Rum unterrühren.

2 Zuletzt das Mehl mit dem Backpulver, Vanillezucker, Mandelstiften und Cranberries dazugeben. Alles gut miteinander verkneten. Den Teig zu kleinen Kugeln formen und diese etwas flachdrücken.

3 Stollenkonfekt etwa 20 Minuten backen. Aus dem Ofen nehmen und sofort, solange es noch heiß ist, mit der zerlassenen Butter bestreichen und mit Puderzucker bestäuben. Wer beides nicht auf Anhieb verbraucht, sollte das Bestreichen und Bestäuben mehrmals wiederholen. Das Stollenkonfekt schmeckt frisch am besten und hält sich wegen des Quarks nicht so lange wie normaler Stollen (luftdicht und trocken verpackt etwa 1–2 Wochen), lässt sich aber gut einfrieren.

Zum Verschenken: Das Quarkstollen-Konfekt ist viel robuster als zum Beispiel Schokolade und nimmt gern in einer ausgedienten, gut gespülten Blechdose Platz. Eine flache breite Dose mit Seidenpapier auslegen und üppig befüllen. Die Banderole gibt der Dose den nötigen Schick.

Zutaten

Für etwa 60 Stück

100 g Butter
170 g Zucker
2 Eier (M)
250 g Quark
2 EL Rum oder Milch
500 g Mehl
1 Pck. Backpulver
1 Pck. Vanillezucker
100 g Mandelstifte
200 g getrocknete Cranberries, alternativ Schokodrops

Zum Bestreichen:

100 g zerlassene Butter sowie Puderzucker

Erdnussbutter-Fudge

Zartschmelzendes Konfekt

Dieses Karamell-Konfekt ist unglaublich lecker und cremig, aber wie für Fudge üblich natürlich auch relativ süß. Das Beste: Das Rezept kommt ganz ohne kompliziertes Temperieren aus. Wichtig ist nur, dass man beim Karamellisieren auf keinen Fall rührt.

Zutaten

Für etwa 36 Stück

120 g Butter
450 g brauner Zucker
120 ml Milch
220 g Erdnussbutter (crunchyvariante)
300 g Puderzucker
Etwas gemahlene Vanilleschote oder Vanilleextrakt

Zubereitung

1 Eine eckige Form von ca. 20 x 20 cm mit Klarsichtfolie auslegen und beiseitestellen. Die normale Butter in einem Topf bei mittlerer Hitze schmelzen lassen. Den braunen Zucker und die Milch dazugeben und alles grob verrühren. Die Masse danach für 2–3 Minuten zum Kochen bringen, unbedingt ohne dabei weiter umzurühren!

2 Den Topf vom Herd nehmen, die Erdnussbutter unterrühren und schmelzen lassen, bis keine größeren Stücke mehr zu sehen sind.

3 Den Puderzucker mit der Vanilleschote oder dem Vanilleextrakt in eine große Metallschüssel geben. Butter-Zucker-Masse auf den Puderzucker gießen und alles mit einem Holzlöffel verrühren, bis eine relativ homogene Karamellcreme entstanden ist.

4 Die Creme in die Form gießen und für 5–10 Minuten leicht abkühlen lassen. Dann für 15–30 Minuten in den Kühlschrank stellen. Das Fudge aus der Form stürzen und mit einem scharfen Messer in kleine Stücke schneiden. Am besten im Kühlschrank lagern.

Zum Verschenken: Einzeln in Butterbrotpapier gewickelt und dann zusammen mit ein paar Weihnachtskugeln in eine unterteilte Holzschale verpackt; so wird's ein weihnachtliches Geschenk.

Karamellisierte Schoko-Nüsse

Noch besser als gebrannte Mandeln

Diese mit Schokolade umhüllten Karamellnüsse sind viel zu lecker, um sie nur zum Verschenken zuzubereiten, und zu hübsch, um sie in blickdichten Tütchen einzupacken. Mein Tipp: mindestens die doppelte Menge machen und nur einen Teil davon verschenken.

Zutaten

Für 2 kleine Tütchen

200 g Nüsse (z. B. Cashew, Walnuss, Haselnuss, Paranuss) oder Mandeln

100 g Zucker

60 ml Wasser

Etwa 100 g Vollmilch- oder Zartbitter-Kuvertüre

Zubereitung

1 Nüsse in einer Pfanne ohne Fett leicht anrösten, bis sie hellbraun sind. Achtung, die Nüsse werden schnell schwarz!

2 Den Zucker im Wasser aufkochen und die Nüsse dazugeben, sobald die Zucker-Wasser-Masse zäher geworden ist. Einige Minuten lang unter ständigem Rühren köcheln lassen, bis die Zuckermasse immer dickflüssiger wird, der Zucker sich mit den Nüssen verbindet und karamellisiert. Tipp: Wenn der Zucker trocken wird, immer weiter rühren, bis er wieder schmilzt.

3 Der karamellisierte Zucker ist nun sehr heiß! Die überzogenen Nüsse auf ein mit Backpapier belegtes Blech geben. So ausbreiten, dass sie möglichst nicht aneinander kleben. Etwas abkühlen lassen.

4 Die Kuvertüre in der Mikrowelle oder im Wasserbad (siehe Seite 9) langsam schmelzen. Nüsse in eine Schüssel geben, Kuvertüre nach und nach unter Rühren dazugeben. Die karamellisierten Nüsse sollten alle mit der Schokolade überzogen sein und nicht zu einem großen Ball zusammenkleben. Die Schokolade erstarren lassen und die Nüsse in Geschenktütchen verpacken.

Frohes Fest

Ayurvedische Früchtekugeln

Natürlich süß – ganz ohne Zucker!

Menschen, die auf Zucker verzichten wollen oder müssen, haben es in der Weihnachtszeit nicht leicht. Für sie ist dieses wunderbare Konfekt genau richtig. Die Kugeln kommen ohne industriellen Zucker aus und können sogar rohkosttauglich zubereitet werden.

Zutaten

Für 40 Kugeln

300 g gemischte Trockenfrüchte (z. B. Feigen, Pflaumen, Aprikosen)

100 g geriebene Mandeln

½ TL Lebkuchengewürz

4 Tropfen Bittermandelöl

2 EL Rum oder Orangensaft

Gerösteter Sesam zum Wälzen

Zubereitung

1 Die Trockenfrüchte mit wenig Wasser in einen Topf geben und aufkochen. Rund 5 Minuten köcheln lassen, bis sie weicher sind, dabei ab und zu umrühren. Eventuell vorhandene restliche Flüssigkeit abgießen und die Früchte pürieren. Alternativ kann man das Trockenobst auch sehr fein hacken, statt es zu kochen. Dann ist das Konfekt auch rohkosttauglich.

2 Früchtemus in einer Schüssel mit Mandeln, Bittermandelöl und Lebkuchengewürz mischen. 1–2 EL Rum oder Orangensaft zugeben und alles mit den Händen vermengen.

3 Aus der Masse mit den Händen kleine Kugeln formen und pur essen oder in geröstetem Sesam wälzen.

Zum Verschenken: Die kleinen Kugeln passen ganz wunderbar zum gewellten Rand der alten Briocheförmchen. Aus Motivkarton und einem weihnachtlichen Stempel wird noch ein kleines Fähnchen gebastelt und mit einem Zahnstocher zwischen die Kugeln gesteckt.

Pikante Knabbereien

Bei all den süßen Leckereien im Advent darf es auch mal etwas Herzhaftes sein. Natürlich selbst gemacht, in Form und Geschmack ganz auf den Winter abgestimmt. Mit diesen Rezepten für Gebackenes und Geröstetes werden Sie an den Chipstüten im Supermarkt künftig viel leichter vorbeigehen können. Versprochen!

Frohes Fest

Winterliche Gemüsechips

Knusprig aus dem Ofen

Eine leckere, bunte und gesunde Alternative zu den üblichen frittierten Kartoffelchips. Eine wunderbare Knabber-Idee, wenn Sie abends gemütlich Ihren liebsten Weihnachtsfilm genießen wollen.

Zubereitung

1 Die Zucchini waschen und in dünne Scheiben hobeln (etwa 2 mm). Rote Beten, Möhren und Petersilienwurzeln schälen und ebenfalls hobeln; bei der Roten Bete unbedingt Einmalhandschuhe tragen, falls man keine vorgekochten und vakuumiert verpackten Knollen verwendet.

2 Die dünnen Gemüsescheiben jeweils mit 1–2 EL Öl in ein Schüsselchen geben und mit Salz und Gewürzen bzw. Kräutern mischen. Den Ofen auf 170 Grad (Umluft) vorheizen.

3 Die Gemüsescheiben nebeneinander auf mehrere Backbleche mit Backpapier legen; darauf achten, dass nichts überlappt. Chips etwa 1 Stunde lang backen. Während der Backzeit einige Male die Backofentür öffnen, damit die Feuchtigkeit entweicht, und/oder einen Holzkochlöffel in die Backofentür stecken, sodass diese einen kleinen Spalt geöffnet bleibt. Je nach Dicke der Gemüsescheiben und Gemüsesorte können die Chips etwas kürzer oder länger brauchen, deswegen etwa nach 45 Minuten unbedingt immer wieder nachsehen!

4 Tipp: Die genannten Gemüsesorten und Gewürze sind nur Vorschläge. Besonders gut schmecken auch Süßkartoffeln und Pastinaken.

Zum Verschenken: Eine Pommesschale aus Keramik ist genau das Richtige, um die gesunden Chips lecker und edel zu servieren. Ein Etikett aus Butterbrotpapier passt perfekt dazu.

Zutaten

Für einen Fernsehabend mit 3–4 Personen

1 Zucchini; zum Würzen z. B. Bärlauch- oder Meersalz und getrocknete italienische Kräuter

2 Rote Beten; zum Würzen z. B. Abrieb einer Orange, Chiliflocken und Zitronensalz

2 Möhren; zum Würzen z. B. Currysalz, Kreuzkümmel und Kurkuma

2 Petersilienwurzeln; zum Würzen z. B. Paprikapulver und Pommes-frites-Salz

Etwa 6 EL Olivenöl

Pesto-Spitzbuben

Ein Klassiker mal anders

Diese pikanten Kekse stehen ihren süßen Verwandten mit Marmelade in nichts nach. Für die Füllung eignet sich das Pistazien-Rucola-Pesto von Seite 103 – oder natürlich Ihr persönliches Lieblingspesto.

Zutaten

Für etwa 30 Spitzbuben

150 g Mehl
50 g gemahlene Haselnüsse
1 Prise Zucker
½ TL Salz
120 g Butter, kalt
1 Eigelb (M)
100 g Doppelrahmfrischkäse
1 EL fein gehackter frischer Basilikum
2 EL Pesto (nach Belieben)

Zubereitung

1 Das Mehl mit Nüssen, Zucker und Salz in eine Schüssel geben. Die kalte Butter in Stückchen auf dem Rand verteilen. Zusammen mit dem Eigelb mit dem Knethaken oder den Händen schnell zu einem glatten Mürbteig verkneten. Eine Kugel formen und in Frischhaltefolie mindestens 30 Minuten in den Kühlschrank legen.

2 Ofen auf 200 Grad (Ober-/Unterhitze) vorheizen. Mürbteig zwischen 2 Lagen Frischhaltefolie oder auf wenig Mehl rund 3 mm dick ausrollen. Kleine Kreise ausstechen und bei der Hälfte zusätzlich ein kleines Loch ausstechen, sodass Ringe entstehen. Nacheinander auf einem mit Backpapier belegtem Blech rund 10 Minuten backen. Auskühlen lassen.

3 Für die Füllung Frischkäse glatt rühren, Basilikum fein hacken und mit dem Pesto untermischen. Mit einem kleinen Spritzbeutel auf die unteren Kekse spritzen. Die Deckel mit Loch daraufsetzen.

Zum Verschenken: Es darf auch gern mal ein Untersetzer aus Holz sein, um feines Gebäck in Szene zu setzen. Ein passender Aufkleber oder Post-it wünscht guten Appetit. Wenn die Füllung ein wenig durch das Loch herausquillt, sollten die Spitzbuben lieber nicht gestapelt werden.

LECKER

Taralli pugliesi

Knabbergebäck aus Italien

Bis vor einigen Monaten habe ich mir die herzhaften Gebäckkringel ab und an aus Italien mitbringen lassen. Inzwischen mache ich Taralli oft selbst.
Sie werden wie Bagels zunächst in siedendes Wasser gegeben, bevor sie in den Ofen kommen.

Zutaten

Für etwa 90 Stück
500 g Mehl
10 g Salz
100 ml Wasser, lauwarm
100 ml Weißwein
100 ml Olivenöl
10 g Fenchelsamen

Zubereitung

1 Das Mehl mit Salz, Wasser, Wein und Olivenöl (am besten mit Küchenmaschine und Knethaken) und Fenchelsamen zu einem glatten Teig kneten und für 30 Minuten ruhen lassen.

2 Aus dem Teig lange Rollen formen. Die Rollen in etwa 2–3 Zentimeter lange Stücke schneiden, die man dann zu Kringeln mit übereinander gekreuzten und leicht angedrückten Enden formt.

3 Einen Topf Wasser erhitzen. Die kleinen Teigringe portionsweise in das heiße (nicht mehr kochende) Wasser geben, bis sie wieder an die Oberfläche kommen. Die Taralli gehen dabei noch auf. Mit einem Schaumlöffel herausholen und auf Küchenrolle oder einem Geschirrtuch abtropfen lassen.

4 Die Taralli auf einem mit Backpapier belegten Blech bei 190 Grad (Ober-/Unterhitze) für etwa 25 Minuten backen, bis sie nur leicht goldbraun sind.

Zum Verschenken: Die Taralli sind ziemlich unverwüstlich und müssen beim Verpacken nicht mit Samthandschuhen angefasst werden. Entsprechend können Sie frei zwischen Dosen, Tüten und Schalen wählen.

Pikante Paprika-Mandeln

Süß und scharf zugleich

Dieses Rezept ist im Prinzip auch eines für süße gebrannte Mandeln. Nur dass diese mit etwas weniger Zucker umhüllt und stattdessen mit Paprika und Cayennepfeffer gewürzt werden. Der Schärfegrad lässt sich durch das milde und das scharfe Pulver gut steuern.

Zubereitung

1 Das Wasser mit dem Zucker in einem kleinen Topf aufkochen und den Zuckersirup einige Minuten lang bei mittlerer Hitze köcheln lassen. Den Topf vom Herd nehmen, die Mandeln unterheben und unter mehrmaligem Rühren etwa 5 Minuten lang im Sirup ziehen lassen. Ofen auf 170 Grad (Ober-/Unterhitze) vorheizen.

2 Die überzogenen Mandeln mit einem Schaumlöffel aus dem Topf heben und abgetropft in ein Metallschüssel geben; alternativ den Zuckersirup durch ein grobes Sieb abgießen. Mandeln mit Salz, Pfeffer und den beiden Paprikapulvern mischen, sodass alle Mandeln gleichmäßig gewürzt sind.

3 Gewürzte Mandeln auf ein mit Backpapier ausgelegtes Blech verteilen und 15–20 Minuten im Backofen rösten. Zweimal wenden. Achtung: Je nach Herd kann die Farbe sehr schnell von schön gebräunt bis schwarz verbrannt wechseln, also lieber mehrmals nachsehen! Mandeln abkühlen lassen.

Zutaten

Für 1 Glas (250 ml)

90 g Zucker

90 ml Wasser

250 g ungeschälte Mandeln

¾ TL Salz, fein

1 Msp. Cayennepfeffer

½ TL Paprikapulver, mild

½ TL Paprikapulver, scharf

Würziges Winter-Popcorn

Ein blitzschneller Snack

Ich habe lange gebraucht, bis ich auf den Geschmack von salzigem Popcorn gekommen bin. Jetzt gefällt mir die pikante Variante fast besser als die süße. Besonders, wenn sie, wie bei diesem Rezept, mit wärmenden Gewürzen zubereitet ist.

Zubereitung

1 Alle Gewürze, Zucker und Salz vermischen und beiseitestellen.

2 Das Öl in einem großen Topf oder einer großen Pfanne (mit Deckel) stark erhitzen. Den Mais dazugeben, sodass der Boden gut bedeckt ist. Deckel fest aufsetzen und warten, bis die Maiskörner beginnen aufzuplatzen. Dann die Hitze etwas zurückschalten und den Topf leicht hin und her schwenken.

3 Topf vom Herd nehmen, sobald die meisten Körner aufgeplatzt sind – das merkt man daran, dass das Plopp-Geräusch nachlässt. Deckel abnehmen und Popcorn in eine große Schüssel umfüllen. Unbedingt noch warm mit der Würzmischung vermischen, damit die Gewürze besser haften bleiben und der Zucker leicht karamellisiert.

Zum Verschenken: Popcorn gehört eigentlich natürlich in eine große Tüte. Aber weil Weihnachten ist, muss es einfach mal ein Stern aus Holz sein. Das Popcorn schmeckt daraus genauso lecker – versprochen!

Zutaten

Für 1 große Schüssel

½ TL Currypulver
½ TL Chiliflocken
½ TL Paprikapulver
1 Msp. Zimt
1 TL brauner Zucker
1 TL Salz
4 EL neutrales Öl
75 g Puffmais

MADE
WITH LOVE

Käsesterne & -herzen

Pikantes für den Plätzchenteller

Wer hat eigentlich behauptet, dass Weihnachtsplätzchen immer süß sein müssen? Diese Käseherzen und -sterne sind eine gute Alternative zu Chips. Wer sie verschenken will, sollte sich aber beeilen: Die Kekse schmecken frisch am besten.

Zubereitung

1 Ofen auf 180 Grad (Ober-/Unterhitze) vorheizen. Mit dem Handrührgerät die weiche Butter mit dem ganzen Ei und der Sahne verrühren.

2 Geriebenen Käse, Mehl, Backpulver und Salz dazugeben und alles zu einem Teig verarbeiten. Mit etwas Pfeffer, Paprikapulver o. Ä. würzen.

3 Den Mürbteig zu einer Kugel formen und etwa für 30 Minuten kühl stellen. Teig auf einer leicht bemehlten Arbeitsfläche ausrollen – eher zu dick als zu dünn – und Sterne oder Herzen ausstechen.

4 Die Käsekekse mit dem leicht verquirlten Eigelb bestreichen. Mit Mohn, Sesam o.ä. bestreuen und etwa 12–15 Minuten backen, bis sie goldgelb sind. Die pikanten Plätzchen schmecken frisch am besten.

Zutaten

Für etwa 70 Kekse

125 g Butter, weich
1 Ei (M)
1 Eigelb (M)
100 g Sahne
100 g geriebener Hartkäse (z. B. Bergkäse)
250 g Mehl
1 TL Backpulver
1 TL Salz, gehäuft

Zum Bestreuen:

Pfeffer, Paprikapulver, Kümmel, Mohn, Sesam u. Ä.

Brezel-Knabbermix

Hat das Zeug zum Lieblingssnack

Diese Mischung ist der perfekte Snack für Partys und Filmabende. Diese etwas schräge Idee stammt – natürlich – aus den USA. Alle Zutaten können Sie nach Lust und Laune anpassen: Nehmen Sie einfach die Knabbersachen, die Ihnen am besten schmecken.

Zubereitung

1 Butter und Zucker in einem kleinen Topf schmelzen. Salz, Pfeffer, Zimt, Honig sowie Worcestersauce unterrühren.

2 Ofen auf 190 Grad (Ober-/Unterhitze) vorheizen. Die Knabbersachen in eine große Schüssel geben. Cracker dafür in mundgerechte Stücke brechen. Knabbermix mit der Würzsoße übergießen. Alles gut vermengen; am besten direkt mit den Händen.

3 Auf einem mit Backpapier belegten Blech verteilen und rund 10 Minuten rösten. Nach dem Abkühlen haften die Knabbersachen eventuell aneinander; dann einfach wieder etwas auseinanderbrechen. Tipp: Statt Nüssen eignen sich auch Mandeln, statt Sonnenblumenkerne auch Kürbiskerne, statt Crackern auch Tortillachips.

Zum Verschenken: Für die handliche Portionsgröße ist ein Eisbecher ideal. Es darf natürlich auch jeder andere Cupcake-Becher sein. Auswahl gibt es da genug. Wählen Sie eine schöne Farbe und verschenken Sie den Becher gleich mit.

Zutaten

Für etwa 4 Behälter in Cupcake-Größe

20 g Butter
30 g brauner Zucker
1 TL Salz
¾ TL Pfeffer
1 Prise Zimt
1 EL Honig
1 TL Worcestersauce
80 g Brezeln
50 g Cracker (Tuc o. Ä.)
30 g Sonnenblumenkerne
80 g gesalzener gerösteter Nussmix

Herzhafte Kleinigkeiten

Ein großes Menü mit Braten, Knödel und Kraut gehört für viele Menschen zur Weihnachtszeit. Als Ausgleich zu solchen üppigen Menüs, die langer Vorbereitung bedürfen, darf es ab und an auch etwas Einfaches oder Leichtes sein. In diesem Kapitel erwarten Sie unkomplizierte Kleinigkeiten, mit denen Sie Gäste und sich selbst verwöhnen können.

HANDMADE

Rucola-Pistazien-Pesto

Cremig und leicht scharf

Dieses Pesto ist eine wunderbare Alternative zum altbekannten Klassiker mit Basilikum und Pinienkernen. Es schmeckt nicht nur mit Nudeln, sondern passt auch als Dip zu frischen Gemüsesticks oder den winterlichen Gemüsechips von Seite 81.

Zubereitung

1 Die Pistazienkerne aus der Schale lösen, falls man nicht ohnehin schon Kerne gekauft hat. In einer Pfanne ohne Fett kurz anrösten und danach abkühlen lassen.

2 Den Parmesan in feine Späne hobeln. Die Knoblauchzehen klein hacken. Rucola waschen und trockenschleudern.

3 Alle Zutaten in einem hohen Rührbecher mit dem Mixstab pürieren. Nach und nach das Olivenöl zugeben und alles gut vermischen. Mit Salz, Pfeffer und eventuell etwas Chili abschmecken.

4 Pesto in heiß ausgespülte Gläser geben, die Oberfläche mit etwas Olivenöl bedecken und mit Deckel verschließen. Das Pesto ist im Kühlschrank einige Wochen haltbar, solange es immer gut mit Öl bedeckt ist.

Zutaten

Für 2 Twist-off-Gläser (je 250 ml)

70 g Pistazienkerne, gesalzen

50 g Parmesan

2 Knoblauchzehen

1 Pck. Rucola (ca. 120 g)

100 ml Olivenöl + Öl zum Bedecken

Salz, Pfeffer und evtl. etwas Chilipulver (zum Abschmecken)

Schnelle Miniquiches

Mit Käse und Lauch

Perfektes Fingerfood für kalte Tage: Diese Tartelettes lassen sich fix zubereiten und – passend für spontane Besucher – auch gut einfrieren. Mit gemischtem Salat wird aus den kleinen Quiches schnell ein leckeres Hauptgericht.

Zutaten

Für etwa 8 Miniquiches

1 Pck. Blätterteig aus dem Kühlregal (275g)
200 g Lauch
1 Knoblauchzehe
1 kl. Zwiebel
50 ml Milch
75 ml Sahne
1 Ei (L)
½ TL Salz
Pfeffer
Muskatnuss
70 g geriebener Bergkäse

Zubereitung

1 Tarteletteformen oder andere ofenfeste Förmchen (Ø ca. 8 cm) einfetten. Mit Blätterteig auslegen und dabei einen Rand formen, überstehenden Teig mit einem scharfen Messer abschneiden.

2 Lauch in Ringe schneiden, Knoblauchzehe und Zwiebel klein hacken. Mit 1 EL Wasser etwa 3 Minuten andünsten.

3 Ofen auf 200 Grad (Ober-/Unterhitze) vorheizen. Für den Guss Milch, Sahne, Ei, Salz, frisch gemahlenen Pfeffer und etwas Muskatnuss verquirlen. Geriebenen Käse darunterrühren.

4 Abgetropften Lauch auf die Förmchen verteilen, mit der Milch-Sahne-Ei-Masse übergießen und 25–30 Minuten backen, bis die Miniquiches goldbraun sind. Heiß, lauwarm oder auch kalt servieren.

Zum Verschenken: Direkt in der Form verschenkt, wird es eine runde Sache. Passende Formen gibt es aus Metall (am besten mit Hebeboden zum einfachen Herausnehmen) oder auch bunt aus Silikon.

Zwiebel-Brotstangen

Wunderbar aromatisch dank Balsamico

Beim Entwickeln dieses Rezepts war ich zunächst unsicher, ob die Zwiebeln nicht zu sehr dominieren würden. Aber der leicht süßliche Balsamico-Essig harmoniert so gut mit ihnen, dass die Brotstangen alle Zweifel noch ofenwarm ausgeräumt haben.

Zutaten

Für etwa 10 Stangen
4 rote Zwiebeln
1 EL Balsamico
½ Würfel frische Hefe
270 ml Wasser, lauwarm
400 g Weizenmehl
100 g Roggenmehl
1½ TL Salz
50 g Butter, weich

Zubereitung

1 Zwiebeln schälen und klein hacken. In einer Pfanne in etwas Öl anbraten, bis sie schön braun sind. Vom Herd nehmen und Balsamico unterrühren.

2 Hefe in eine Tasse mit dem lauwarmen Wasser geben, umrühren und auflösen.

3 Die beiden Mehlsorten in eine Schüssel geben. Hefewasser, Salz und weiche Butter zugeben und alles zunächst mit den Knethaken, dann mit den Händen zu einem glatten Teig vermengen. Die leicht abgekühlten gerösteten Zwiebeln unterkneten. Hefeteig zugedeckt an einem warmen Ort mindestens 1 Stunde gehen lassen.

4 Den Teig nochmals durchkneten und, falls er zu weich ist, noch etwas Mehl zugeben. In 10 Stücke teilen und diese zu langen Stangen formen. Auf ein mit Backpapier belegtes Blech legen und nochmals zugedeckt an einem warmen Ort rund 30 Minuten gehen lassen.

5 Ofen auf 200 Grad (Ober-/Unterhitze) vorheizen. Die Stangen mit Wasser bepinseln und einige Male mit einem scharfen Messer einschneiden. Brotstangen etwa 25 Minuten backen, bis sie hohl klingen, wenn man auf die Unterseite klopft.

Zum Verschenken: Die Stangen können gerne auf einem rustikalen Brett verschenkt werden. Ein altes Brett vom Trödler hat dabei ganz besonderen Charme. Mit einem weihnachtlichen Band fixiert, kann es nicht verrutschen.

Caponata siciliana

Süßsaures Gemüse

Dieses farbenfrohe Gemüsegericht aus Italien bringt Sommer in die kalte Jahreszeit. Es schmeckt lauwarm besonders gut, sei es als kleiner Snack oder Vorspeise mit Baguette oder als Beilage zu Gebratenem wie den Polentasternen von Seite 109.

Zubereitung

1 Zwiebel und Knoblauchzehe schälen und fein hacken. Oliven in Ringe schneiden. Aprikosen klein würfeln. Auberginen, Zucchini und Paprikaschote waschen und putzen. Alles in ca. 2 cm große Würfel schneiden.

2 Zunächst die Auberginenwürfel in einer Pfanne mit 2 EL Olivenöl rundherum anbraten. Auf einen Teller mit Küchenpapier geben und abkühlen lassen.

3 Das restliche Öl in die Pfanne geben, Zwiebeln, Zucchini und Paprika anbraten und einige Minuten dünsten lassen. Zuletzt den gehackten Knoblauch, Oliven, Aprikosen und Mandeln zugeben.

4 Tomatenwürfel mit -saft, Zucker, Essig und Auberginen unterrühren und das Ganze etwa 12 Minuten bei niedriger Temperatur köcheln lassen. Immer wieder umrühren. Das Gemüse sollte nicht allzu weich, sondern noch leicht bissfest sein.

5 Caponata mit Salz, Pfeffer, etwas Zimt- und Nelkenpulver abschmecken. In heiß ausgespülte Gläser füllen und sofort verschließen. Schmeckt lauwarm am besten.

Zum Verschenken: Verteilen Sie das Gemüse auf 4 kleine Gläser – so ergibt es jeweils 1 Portion, die der Beschenkte zum Beispiel nach einem stressigen Tag ohne Aufwand genießen kann. Jedes Glas bekommt natürlich ein eigenes, ganz persönliches Etikett.

Zutaten

Für 4 Portionen

1 rote Zwiebel
1 Knoblauchzehe
50 g grüne Oliven ohne Kern
1 Auberginen (300 g)
1 Zucchini (250 g)
1 gelbe Paprika
4 EL Olivenöl
50 g getrocknete Aprikosen
50 g geschälte, gehackte Mandeln
1 Dose geschälte gehackte Tomaten (400 g)
40 g brauner Zucker
40 ml Weißweinessig
Salz und Pfeffer (nach Belieben)
2 Msp. Zimt
1 Prise gemahlene Nelken

Kürbis-Chutney

Mit Rosinen und braunem Zucker

Indische Chutneys sind die süß-säuerlichen, oft scharfen Verwandten unserer süßen Marmeladen. Sie schmecken besonders zu Fleisch und herzhaftem Käse. Diese winterliche Variante hält sich mehrere Monate, ist also auch zum Verschenken gut geeignet.

Zubereitung

1 Den Kürbis schälen, Kerne entfernen, das Fleisch fein raspeln und 750 g abwiegen. Knoblauchzehen, Zwiebeln sowie die halbierte und entkernte Chilischote klein hacken.

2 Zwiebeln in einem Topf im Öl glasig braten, Knoblauch, Chili und gewaschenen Rosmarin kurz mitdünsten. Zucker, Rosinen, Essig und Wasser zugeben und bei mittlerer Hitze ca. 15 Minuten köcheln lassen. Immer wieder umrühren.

3 Gläser heiß ausspülen. Rosmarinzweige aus dem Topf nehmen, das Chutney mit Salz und Pfeffer abschmecken und randhoch in heiß ausgespülte Gläser füllen. Sofort verschließen, etwa 10 Minuten auf den Kopf stellen und abkühlen lassen.

Zum Verschenken: Das Kürbis-Chutney kann zum sofortigen Verzehr auch gern direkt in einem kleinen Pfännchen verschenkt werden. Für den haltbaren Genuss ist ein verschließbares Gefäß natürlich die bessere Wahl.

Zutaten

Für 5 Twist-off-Gläser (je 250 ml)

750 g geraspeltes Butternut-Kürbisfleisch
3 rote Zwiebeln
1½ EL Sonnenblumenöl
3 Knoblauchzehen
1 rote Chilischote
6 Zweige Rosmarin
180 g brauner Zucker
7 EL Rosinen
225 ml Weißweinessig
100 ml Wasser
Salz und Pfeffer

Pikante Mini-Muffins

Gekrönt von Gorgonzolacreme

Die Muffins lassen sich gut einfrieren und bei Zimmertemperatur oder in der Mikrowelle schnell wieder auftauen – genau richtig, wenn sich der kleine Hunger meldet oder spontaner Besuch ankündigt. Nur das Käse-Topping müssen Sie noch frisch zubereiten.

Zutaten

Für 20 Mini-Muffins

50 ml Olivenöl
125 ml Buttermilch
1 Ei (S)
½ TL Salz
1 Prise Pfeffer
½ TL Paprikapulver
1 TL Backpulver
125 g Mehl

Für das Topping:

100 g Doppelrahm-Frischkäse
50 g Gorgonzola
Salz und Pfeffer (nach Belieben)
2 EL Schnittlauchröllchen (frisch oder TK)

Zubereitung

1 Ofen auf 190 Grad (Ober-/Unterhitze) vorheizen. Für die Muffins Öl, Buttermilch und Ei gut verquirlen. Salz, Pfeffer und Paprikapulver dazugeben. Das mit dem Backpulver vermischte Mehl gründlich, aber nur kurz unterrühren.

2 Muffinteig mit einem kleinen Löffel auf die Mini-Papierförmchen verteilen. Etwa 20 Minuten backen und abkühlen lassen.

3 Für die Käsecreme Gorgonzola zerbröckeln. Mit Frischkäse und Schnittlauch pürieren, mit Salz und Pfeffer abschmecken. Sollte die Creme zu fest sein, einfach 1 EL Milch unterrühren. Mit einem Spritzbeutel oder einem Teelöffel die Creme auf den Minimuffins verteilen.

Zum Verschenken: Eine ausgefallen Variante ist das Backen der Muffins in einer weihnachtlichen Motivbackform. So sehen die Muffins gleich weihnachtlich aus und die Creme wird passend zu den Formen als Verzierung aufgespritzt.

FROHES FEST

Polenta-Sterne

Mit Käse und Kräutern

Maisgrieß kennen die meisten nur als festen Brei. Dabei schmeckt die gebratene Variante mindestens genauso gut. In Sternform ein schönes kleines Gericht für die Weihnachtszeit, das man heiß, lauwarm und kalt genießen kann.

Zubereitung

1 Eine rechteckige Form (etwa 20 x 25 cm) mit Backpapier auslegen. Den Käse reiben.

2 Milch, Brühe und gehackte Kräuter in einem Topf aufkochen. Hitze zurückschalten und den Maisgrieß einrieseln lassen. Bei niedriger Hitze unter ständigem Rühren etwa 5 Minuten köcheln lassen, bis sich die Polenta vom Boden löst. Von der Platte nehmen und geriebenen Käse unterheben. Mit Salz und Pfeffer abschmecken.

3 Polentamasse in die Form geben und rund 2 cm dick aufstreichen. Die Oberfläche glatt streichen, damit die Sterne später ebenmäßig sind. Mit Frischhaltefolie bedecken und im Kühlschrank etwa 1 Stunde abkühlen lassen.

4 Die nun feste Polenta auf ein Brett stürzen und große Sterne oder Kreise ausstechen. Aus den Resten der Polentamasse kann man eine Rolle formen und Scheiben abschneiden.

5 Olivenöl in einer Pfanne erhitzen und die Polenta-Sterne von jeder Seite anbraten, bis sie goldbraun sind. Warm oder kalt mit Salat oder als Beilage zu Eintöpfen und Ragouts servieren.

Zum Verschenken: Schön (und) praktisch: Lagern Sie die Sterne auf Butterbrotpapier; ein bisschen fettig sind sie durch das Baten ja doch. Beim Verpacken können Sie jeweils 1 Lage Papier zwischen die einzelnen Sterne legen.

Zutaten

Für 10 große Sterne

50 g würziger Hartkäse
200 ml Milch
200 ml Gemüsebrühe
1 EL gehackter Rosmarin
1 EL gehackter Salbei
100 g Maisgrieß
Salz und Pfeffer (nach Belieben)
Olivenöl

Frohe Weihnachten

Köstliches auf Vorrat

Alle Rezepte in diesem Buch eignen sich auch zum Verschenken. Für spontane Besucher und kurzfristige Einladungen kann es aber nie schaden, zusätzlich einige schöne Präsente auf Vorrat zu haben. Die Geschenke aus der Küche sind allesamt mehrere Wochen bis Monate haltbar, können also gut vorbereitet werden, bevor der Weihnachtsstress beginnt.

Frohe Weihnachten

Amaretto-Likör

Mit weißer Schokolade

Ein perfekter Winterlikör mit Marzipanaroma, der am besten gekühlt und auf Eis schmeckt. Alternativ kann man ihn auch gut zum Verfeinern von Desserts und Gebäck verwenden.

Zubereitung

1 Die Hälfte der Sahne in einem Topf erhitzen. Schokolade klein hacken, unterrühren und langsam schmelzen lassen. Vom Herd nehmen und die restliche Sahne mit dem Lebkuchengewürz einrühren.

2 Die Schokoladensahne etwas abkühlen lassen und dabei immer wieder umrühren. Den Amaretto zugeben und alles gut verrühren. In saubere Flaschen füllen und im Kühlschrank lagern; so hält sich der Likör mindestens 2–3 Wochen.

3 Tipp: Sollte sich etwas absetzen, einfach gut schütteln. Wenn man die Flaschen auf dem Kopf stellt, kann man vermeiden, dass ein Teil der Schokolade womöglich wieder etwas fester wird und den Flaschenhals verstopft.

Zum Verschenken: In kleine Fläschchen abgefüllt, trinkt doch jeder gern mal ein Likörchen. So wird es nicht zu viel und nicht zu süß. Rote Aufkleber und Geschenkband geben einen besonders schönen Kontrast.

Zutaten

Für 2 Flaschen (je 400 ml)

400 ml Sahne

150 g weiße Schokolade oder Kuvertüre

1 Prise Lebkuchengewürz

300 ml Amaretto

Marzipankuchen im Glas

Köstliche Reserve mit Äpfeln

Gebäck muss nicht kompliziert sein, um überall gut anzukommen.
Diesen Kuchen bringe ich seit Jahren zu Geburtstagen und Feiern mit – mal in der kleinen Variante im Glas, mal in der Springform. Die Beschenkten sind jedes Mal begeistert.

Zutaten

Für 4 Sturz-Gläser (je 250 ml)

2 kl. Äpfel

200 g Marzipan-Rohmasse

150 g Butter, weich

100 g Zucker

4 Eier (M)

250 g Mehl

2 TL Backpulver

2 EL Joghurt, Milch oder Amaretto

Zubereitung

1 Die Gläser einfetten und dazu passende Gummringe in kaltes Wasser legen. Den Ofen auf 160°C (Umluft) vorheizen. Äpfel waschen, schälen, das Kerngehäuse entfernen und vierteln. Viertel in feine Schnitze schneiden. Marzipan in der Mikrowelle auf niedriger Stufe erwärmen, bis es weich ist.

2 Die Butter mit Zucker und Eiern schön schaumig rühren. Das Mehl mit dem Backpulver mischen und im Wechsel mit dem weichen Marzipan zum Teig geben. Ein wenig Joghurt oder Milch dazugeben, sodass die Masse schwer reißend vom Löffel fällt.

3 Gläser zu 2/3 im Wechsel mit Teig und Apfelschnitzen befüllen; mit Teig abschließen. Die kleinen Kuchen für etwa 30–35 Minuten backen. Danach sofort, so lange die Kuchen noch heiß sind, die feuchten Gummiringe auf den Rand legen, den Deckel auflegen, den Kuchen ins Glas drücken und die Gläser mit mehreren Klammern verschließen.

4 Tipp: Die Kuchen im Glas halten sich kühl gelagert etwa 2–3 Wochen. Man kann auch Gläser mit Schraubverschluss nehmen oder den Kuchen alternativ in einer kleinen Springform mindestens 40 Minuten backen.

Zum Verschenken: Versehen Sie den Kuchen gleich nach dem Backen mit schönen, bestempelten Etiketten und Geschenkband und lagern Sie ihn dekoriert. So sind Sie für alle Fälle vorbereitet. Falls Sie das Notfall-Geschenk nicht brauchen? Umso besser. Dann guten Appetit!

Cookie-Mix

Backmischung für Schokoladen-Kirsch-Kekse

Auch wenn ich es nicht nachvollziehen kann: Es gibt tatsächlich Menschen, die zwar Plätzchen lieben, aber nicht gerne stundenlang backen. Für all jene – oder wenn Sie selbst mal schnell frisches Gebäck brauchen – ein echter Segen.

Zutaten

Für 1 Glas Backmischung (1 l)

230 g Mehl
2 TL Backpulver
1 Prise Salz
100 g Haferflocken
130 g brauner Zucker
100 g gehackte Zartbitter-Schokolade (z. B. 70 %)
100 g getrocknete Kirschen

Für die Cookies zusätzlich

150 g weiche Butter
2 Eier (M)

Zubereitung

1 Alle Zutaten der angegebenen Reihe nach in ein großes Glas oder eine Flasche geben. Wenn die Schichten für eine schöne Optik erhalten bleiben sollen, ist es wichtig, dass das Glas bis zum Rand mit der Backmischung gefüllt ist.

2 Zubereitung: Die Backmischung mit 2 Eiern und 150 g weicher Butter oder Margarine verkneten. Ofen auf 180 Grad (Ober-/Unterhitze) vorheizen. Mit dem Esslöffel walnussgroße Teighäufchen auf ein mit Backpapier belegtes Blech setzen. Kekse auf der mittleren Schiene rund 10–12 Minuten backen.

Zum Verschenken: Wenn Sie die Backmischung in einem Körbchen mit Butter und Eiern verschenken, kann der Beschenkte gleich den Backofen anwerfen. Die Zubereitungsanleitung nicht vergessen!

back mich

15
6

Bunt eingelegter Ziegenkäse

Mit Rosmarin und Thymian

Ein einfaches Rezept, für das Sie allerdings einige Tage zum Durchziehen einplanen müssen. Besonders schön sieht der Ziegenkäse aus, wenn Sie ihn mit roten, grünen und schwarzen Pfefferkörnern kombinieren.

Zubereitung

1 Die Knoblauchzehen schälen und klein hacken. Thymian und Rosmarin waschen und komplett trockentupfen. Die Chilischoten längs halbieren.

2 Die Käsetaler mit den übrigen Zutaten auf die beiden sauberen Gläser verteilen. Wichtig: Der Käse muss komplett mit Öl bedeckt sein.

3 Gläser mit Bügel verschließen und im Kühlschrank mindestens 3 Tage lang durchziehen lassen. Der eingelegte Käse ist etwa 3 Wochen haltbar.

Zum Verschenken: Damit es richtig schön aussieht im Glas, dürfen die Zutaten gern sorgfältig gestapelt und in Form gebracht werden. Notfalls lässt sich das ein oder andere Kraut noch mit einem Holzspießchen zurechtrücken.

Zutaten

Für 2 Gläser (je 250 ml)

6 Ziegenkäse-Taler (alternativ Schafskäse)
4 Knoblauchzehen
2 Zweige Rosmarin
2 Zweige Thymian
2 getrocknete rote Chilischoten
2 EL bunte Pfefferkörner
500 ml Olivenöl

Dreierlei Gewürzsalz

Mit Jasmintee, Zitrone und Chili sowie Vanille

Hobbyköche und Gourmets freuen sich über solch eine kleine Auswahl an unterschiedlichen Salzen, mit denen sie zum Beispiel Fleisch, Soßen und Gemüsegerichte würzen können. Zum Aufbewahren eignen sich kleine Gläschen, Tontöpfchen oder schmale Reagenzgläser.

Zutaten

Für je 1 kleines Behältnis

Je 100 g grobes Meersalz bzw. Fleur de Sel

1. Variante:
25 g Jasmintee

2. Variante:
Schale einer unbehandelten Zitrone sowie 1 getrocknete Chilischote

3. Variante:
1 Vanilleschote

Zubereitung

1 Das Salz im Mörser etwas zerstoßen.

2 Die Gewürze vorbereiten: Jasmintee im Mörser zerreiben und mit dem Salz mischen; getrocknete Chilischote klein hacken, Schale der Zitrone fein reiben und etwas an der Luft trocknen lassen, alles mit dem Salz mischen und eventuell nochmals im Mörser feiner reiben; Vanilleschote längs aufschneiden, Vanillemark herauskratzen und trocknen lassen, mit dem Salz vermischen.

3 Gewürzsalz-Mischungen auf ein Backblech geben, einige Stunden an der Luft oder bei niedrigster Temperatur im Ofen trocknen lassen und dann in die luftdicht verschließbare Gläser oder Töpfchen füllen.

Zum Verschenken: Nehmen Sie drei schöne, identische Gläschen. In ihnen kommen die verschiedenen Salze besonders zur Geltung. Ein echter Hingucker auch beim Weihnachts-Festessen.

Nº 2
Nº 3
Nº 1
Merry Christmas

Risotto-Mix

Für Hobbyköche & Genießer

Wenn Sie diese Mischung mit einer guten Flasche Wein verschenken, sind das schon zwei wichtige Zutaten für einen schönen Abend – mit dem Sie sich natürlich ebenso gut selbst verwöhnen können. Die Kombinationen Steinpilze/Safran sowie Trüffel/Knoblauch schmecken auch sehr gut.

Zutaten

Für 2 Gläser oder Flaschen (je 500 ml)

500 g Risotto-Reis

6 TL getrocknete Gemüsebrühe

6 TL getrocknete italienische Kräuter (z. B. Oregano, Basilikum, Thymian)

60 g getrocknete Tomaten

30 g getrocknete Pilze

50 g Pinienkerne

Für den fertigen Risotto (je Glas 4 Portionen)

1 Zwiebel

850 ml Wasser, heiß

150 ml Weißwein

Salz

Pfeffer

Etwas Butter

Evtl. großes Stück Parmesan

Zubereitung

1 Reis mit gekörnter Brühe und Kräutern in die Gläser bzw. Flaschen geben.

2 Getrocknete Tomaten klein schneiden; Pilze ebenfalls klein schneiden, falls sie sehr groß sind.

3 Tomaten, Pilze und Pinienkerne auf den Reis ins Behältnis schichten. Möglichst wenig freien Raum lassen, da sich die Schichten sonst vermischen. Wenn Sie die Mischung verschenken: ein Tütchen Parmesan anbinden.

4 Zubereitung: 1 Zwiebel klein hacken und in einem Topf anbraten. Risotto-Mix zu den Zwiebeln geben. Nach und nach 1 Liter heißes Wasser (oder 850 ml Wasser sowie 150 ml Weißwein) dazugeben, aufkochen und quellen lassen. Risotto mit Salz und Pfeffer würzen. Nach Belieben mit etwas Butter sowie geriebenem Parmesan servieren.

Zum Verschenken: Die Schichten sehen schon so schick aus, da will man gar nichts verstecken. Also einfach ein schmales Etikett mit dem Dymodrucker drucken und eine weihnachtliche Schleife um den Deckel binden.

RISOTTO-MIX

Ingwer-Öl

Ein wunderbares Geschenk – ein echter Genuss

Ingwer wird eine heilende Wirkung nachgesagt – dass er auch von innen wärmt, ist in der kalten Weihnachtszeit natürlich besonders schön. Dieses Öl ist deutlich länger haltbar als solche mit dekorativen Kräutern in der Flasche, und schmeckt wunderbar z. B. zu asiatischen Gerichten.

Zubereitung

1 Das Öl auf dem Herd auf kleinster Stufe erwärmen (nicht zum Kochen bringen!). Die Ingwerwurzel schälen, in schmale Stifte oder feine Scheiben schneiden. Zusammen mit der Knoblauchzehe im warmen Öl auf der Herdplatte etwa 30 Minuten ziehen lassen. Mit etwas Salz und Pfeffer würzen.

2 Vom Herd nehmen, abkühlen und etwa 5 Tage an einem dunklen, kühlen ziehen lassen. Dabei die Flasche immer mal wieder leicht schwenken, damit sich die Aromen im Öl besser verteilen.

3 Das Öl durch ein feines Sieb filtern und in eine heiß ausgespülte, saubere Flasche geben und fest verschließen. Kühl und dunkel aufbewahrt, hält sich das Öl einige Monate.

Zutaten

Für 1 Glasflasche (500 ml)

500 ml Erdnuss- oder Sonnenblumenöl

30 g frischer Ingwer

1 Knoblauchzehe

Rezeptverzeichnis

Partner dieses Projekts

Alle Gerichte in diesem Buch wurden fürs Fotoshooting rezeptgetreu nachgekocht und -gebacken. Wir danken folgenden Firmen, die hierfür ihre Produkte zur Verfügung gestellt haben:

Landliebe, Lindt*, Südzucker – Zucker zum Zaubern., Aurora

* Verwendete Lindt-Schokoladen: Lindor (Weiss), Excellence extra cremig (Vollmilch), Excellence (50% und 70%)

Das Deko-Material stammt von www.casa-di-falcone.de www.smalltreasures.de

Casa di Falcone – Schöner Schreiben & Verpacken

Small Treasures

Über die Autorin

Kathrin Runge ist freie Journalistin und Foodbloggerin. Nach ihrem Journalistik-Studium hat sie ein Volontariat bei einer Tageszeitung absolviert und als Redakteurin gearbeitet. Heute lebt sie mit ihrem Mann bei München und schreibt vor allem über Themen aus den Bereichen Soziales, Gesundheit, Nachhaltigkeit und Genuss. Auf ihrem Food Blog www.backenmachtgluecklich.de verbindet sie ihre Leidenschaften miteinander: Schreiben, Backen, Genießen und Foodfotografie.

Über die Fotografin

Frauke Antholz ist seit 2002 als selbstständige Fotografin im Bereich Editorial – Food und Stills tätig. Als leidenschaftliche Köchin steht sie auch gern selbst in der Küche – kocht, stylt und bastelt, sucht und sammelt die passenden Requisiten, bis dann endlich mit viel Liebe zum Detail fotografiert wird. Die Kielerin arbeitet für Verlage und Redaktionen und ihre Fotos erscheinen regelmäßig in Magazinen rund ums Kochen und Genießen.

Impressum

Bibliografische Information der Deutschen Nationalbibliothek

Die Deutsche Nationalbibliothek verzeichnet diese Publikation in der Deutschen Nationalbibliografie; detaillierte bibliografische Daten sind im Internet über http://dnb.d-nb.de abrufbar.

BLV Buchverlag GmbH & Co. KG
80797 München

Bildnachweis
Alle Fotos Frauke Antholz; außer S. 7 und S.127ol.: Martin Jäger; S. 127 u.r.: Holger Münchow

Grafiken: fotolia/Alexander Pleshko

Umschlaggestaltung: Kochan & Partner, München
Umschlagfotos: Frauke Antholz

Lektorat: Janina Beckmann
Herstellung: Angelika Tröger
Layoutkonzept Innenteil: griesbeck design, Dorothee Griesbeck, München
DTP: Anton Walter, Gundelfingen

Gedruckt auf chlorfrei gebleichtem Papier

Printed in Germany
ISBN 978-3-8354-1290-3

Hinweis
Das vorliegende Buch wurde sorgfältig erarbeitet. Dennoch erfolgen alle Angaben ohne Gewähr. Weder Autorin noch Verlag können für eventuelle Nachteile oder Schäden, die aus den im Buch vorgestellten Informationen resultieren, eine Haftung übernehmen.